Terrorkino

Kultur & Kritik I

Die Reihe *Kultur & Kritik* wird herausgegeben von Dieter F. Bertz und Marcus Stiglegger

Über den Autor:

Marcus Stiglegger, Dr. phil. habil., geb. 1971, lehrt Filmwissenschaft an der Universität Siegen. Zahlreiche Buchpublikationen und -beiträge über Filmästhetik, Filmgeschichte und Filmtheorie. Publikationen u.a.: »Sadiconazista – Sexualität und Faschismus im Film der siebziger Jahre bis heute« (St. Augustin 1999; 2. Aufl. 2000); »Ritual und Verführung. Schaulust, Spektakel & Sinnlichkeit im Film« (Berlin 2006). Herausgeber von *:Ikonen:* (www.ikonenmagazin.de). Schreibt regelmäßig für die Zeitschriften *film-dienst*, *testcard* und *Splatting Image*.

Marcus Stiglegger

Terrorkino

Angst/Lust und Körperhorror

BERTZ + FISCHER

Bibliografische Information der
Deutschen Nationalbibliothek
Die Deutsche Nationalbibliothek verzeichnet diese
Publikation in der Deutschen Nationalbibliografie;
detaillierte bibliografische Daten sind im Internet über
http://dnb.d-nb.de abrufbar.

Redaktionelle Mitarbeit:
Marietta Bertz, Barbara Heitkämper,
Miriam Hutter

Fotonachweis:
Umschlag vorne: HAUTE TENSION
Innenteil: Deutsche Kinemathek – Museum für Film
und Fernsehen, DVD-Screenshots, Archiv des Verlags,
Archiv Marcus Stiglegger

Dritte, durchgesehene Auflage

Wrangelstr. 67, 10997 Berlin
Printed in Poland
ISBN 978-3-86505-701-3

Inhalt

An American Crime

»Man kann es für eine Pflicht halten, Fotos zu betrachten, auf denen Grausamkeiten und Verbrechen festgehalten sind.«

Susan Sontag, *Das Leid anderer betrachten* (2003)

Am 26. Oktober 1965 wurde die Polizei von Indiana zu einem heruntergekommenen Haus in der East New York Street gerufen, wo sie die Leiche der 16-jährigen Sylvia Likens auf einer Matratze im Schlafzimmer vorfanden.[1] Gertrude Baniszewski, die erwachsene Bewohnerin des Hauses, sagte aus, sie habe als Vormund für das Mädchen gesorgt, während deren Eltern unterwegs waren, und eine Gang Jugendlicher habe Sylvia überfallen und getötet. Die Untersuchung jedoch brachte ein anderes Ergebnis zutage: Das Mädchen war wochenlang geschlagen, vergewaltigt, gefoltert und unterernährt worden. Sie wies zudem Brandwunden auf, und der Schriftzug »I am a prostitute and proud of it« war in ihren Bauch geritzt worden. Nicht nur nahm die Peinigung von Sylvia Likens viele Wochen in Anspruch, die Öffentlichkeit wurde zudem von der Tatsache geschockt, dass zahlreiche Kinder aus der Nachbarschaft an der »Bestrafung von Sylvia« beteiligt waren. Die Nachbarn hatten merkwürdige Geräusche aus dem Haus gehört und immer wieder Wunden an Sylvias Körper wahrgenommen – doch keiner hatte eingegriffen.

Im Juli 1965 übergaben Lester und Betty Likens ihre Töchter Sylvia (16) und Jenny (15) für 20 Dollar die Woche der Obhut von Gertrude Baniszewski, um bei einem Schausteller-Unternehmen arbeiten zu können. Der Vater ermutigte den neuen Vormund gar, seine Töchter etwas »Disziplin zu lehren«. Baniszewski, eine untergewichtige Asthmatikerin, hatte mehrere Ehen und dreizehn Schwangerschaften – davon sechs Fehlgeburten – hinter sich, also sieben Kinder, die sie ernähren musste. Ihre älteste Tochter Paula war selbst schwanger. Von den Nachbarskindern ließ sie sich ›Tante Gerty‹ nennen und ermutigte sie, regelmäßig vorbei zu kommen.

Wie die Folter der Likens-Töchter begann, ist ungeklärt. Am Anfang stand die Züchtigung auf das nackte Gesäß mittels eines Holzpaddels für beide Mädchen. Anlass waren stets geringe Verfehlungen, wie »zu viel Essen« bei einem Kirchenfest. Da Jenny durch eine frühe Kinderlähmung klein und gebrechlich war, konzentrierte sich Gertys Aggression zusehends auf Sylvia, die sie züchtigte und mit Tritten traktierte. Nach und nach begannen die Nachbarskinder an den Misshandlungen teilzunehmen, würgten und traten das Mädchen und löschten Zigaretten auf ihrer Haut. In Gegenwart von mehreren Teenagern zwang Gerty Sylvia, sich eine leere Cola-Flasche vaginal einzuführen. Nach den Torturen wurde Sylvia heiß gebadet, »um sie von ihren Sünden zu reinigen«. Als das Mädchen so verwahrlost war, dass Gerty sie nicht mehr mit den anderen Kindern konfrontieren wollte, schloss sie Sylvia im Keller ein, verweigerte ihr die Toilette und fütterte sie mit Crackern. Den Kindern erklärte sie, Sylvia sei eine Hure, die es nicht besser verdient habe. Den oben erwähnten Schriftzug ritzte Gerty gemeinsam mit dem Nachbarsjungen Richard Hobbs in Sylvias Bauch.

Als sich Sylvias naher Tod abzeichnete, ließ sich Gerty einen Brief unterzeichnen, in dem Sylvia eine jugendliche Gang für ihre Misshandlung verantwortlich machte. Dann sollte der misshandelte Körper zusammen mit der Notiz im Wald gefunden werden. Doch Sylvia unternahm einen letzten Fluchtversuch, der von Gerty und einem ihrer Söhne gewaltsam verhindert wurde.

Am 26. Oktober 1965 starb Sylvia Likens an Hirnschwellungen, Gehirnblutungen und dem Schock durch die massiven Hautverletzungen. Es ist zudem anzunehmen, dass sie an den Folgen der Unterernähung und des Wasserentzuges zugrunde ging.

Im Mai 1966 wurde Gertrude Baniszewski trotz ihrer Unschuldbeteuerungen des Mordes für schuldig befunden und ebenso wie ihre älteste Tochter, Richard Hobbs und zwei weitere Jungen verurteilt. Ihre lebenslange Haftstrafe saß sie im Frauengefängnis von Indiana ab, wo sie 1985 entlassen wurde, bevor sie 1990 an Lungenkrebs starb.

Nach einigen Fällen von systematischem Kindesmissbrauch und -mord in Europa (in Belgien, in Österreich) erwachte das Interesse an diesem schockierenden ›American Crime‹ erneut. Tommy O'Haver verfilmte die Ereignisse weitgehend gemäß den verfügbaren Fakten in dem programmatisch betitelten Thriller AN AMERICAN CRIME (2007), in dem Ellen Page als Sylvia Likens und Catherine Keener als Gerty zu sehen sind.[2] Der Film zeigt auf schonungslose Weise, wie sich unter der dünnen Firnis bürgerlicher Gottesfürchtigkeit in einem amerikanischen Mittelstandsvor-

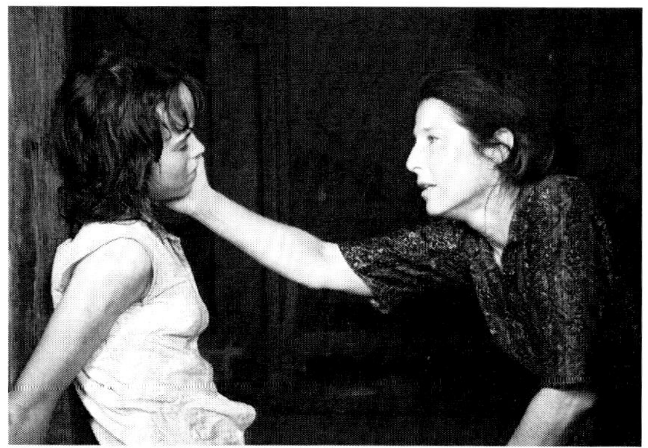

Bürgerlichkeit und Terror: AN AMERICAN CRIME

ort das Grauen ausbreitet, und entfaltet dieses Szenario mit einer zermürbenden Präzision, die keine finale Rettung zulässt. Die jüngere Schwester Jenny vermutet am Ende, dass Sylvia nicht mehr geweint habe, weil ihr Körper einfach keine Flüssigkeit mehr besaß, die er abgeben konnte. In einer visionären Rahmung sehen wir Sylvia in einem glücklichen Moment auf einem Karussell fahren und sinnieren: »Reverend Bill hat immer gesagt: Egal in welcher Situation, Gott verfolgt stets einen Plan. Ich versuche immer noch herauszufinden, was sein Plan war ...«

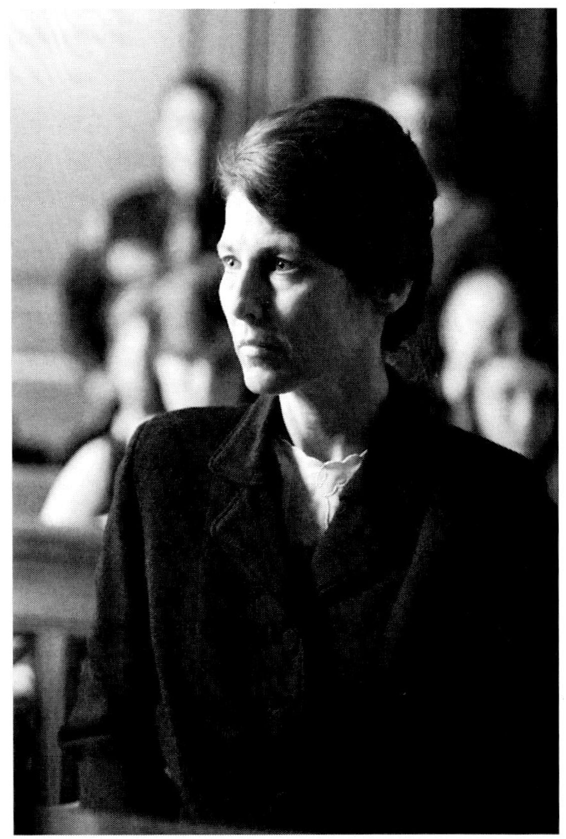

AN AMERICAN CRIME

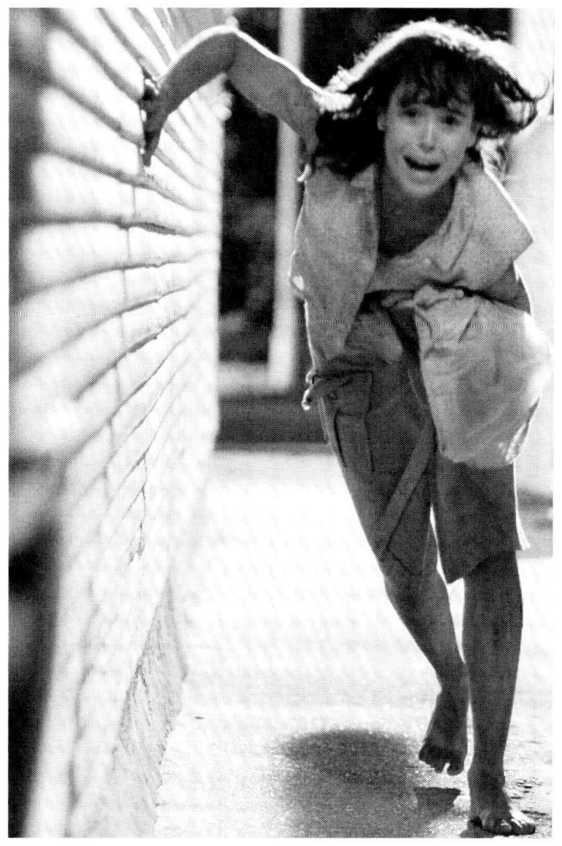

AN AMERICAN CRIME

Bereits 1989 nahm der amerikanische Schriftsteller Jack Ketchum[3] diesen historischen Fall als Vorlage für seinen Roman *The Girl Next Door* (dt. *Evil*), der das Geschehen fiktionalisiert und in den Sommer 1958 verlegt.[4] Geschildert wird die Misshandlung und Tötung der Nachbarin Meg aus Sicht des Jungen, in den sie sich verliebt hatte und der mehr und mehr Teil des mörderischen Prozesses wird, der Megs Leben zur Hölle macht. Jack Ketchum ist als Autor berühmt für die schonungslose Schilderung jener Mechanismen, die aus vermeintlich harmlosen Alltagsmenschen blutrünstige Bestien machen. Es entspricht einer inneren Logik, dass die Bearbeitung des Likens-Falles zu seinem stärksten Werk werden sollte. Statt jedoch die Fakten zu reproduzieren, konstruierte er eine selbstanklagende Erste Person, die sich an dem Umstand zerquält, nicht nur als potenzieller Helfer versagt zu haben, sondern selbst Mitschuld an Megs Tod zu tragen. Ketchums Roman – und die intensive spätere Verfilmung von Gregory M. Wilson (THE GIRL NEXT DOOR / Jack Ketchum's Evil; 2007) – entfernen sich hier von der Realität und führen am Ende einen Impuls der Revolte ein (der jugendliche Protagonist tötet die Anstifterin Ruth), doch alle Hilfe kommt letztlich zu spät.

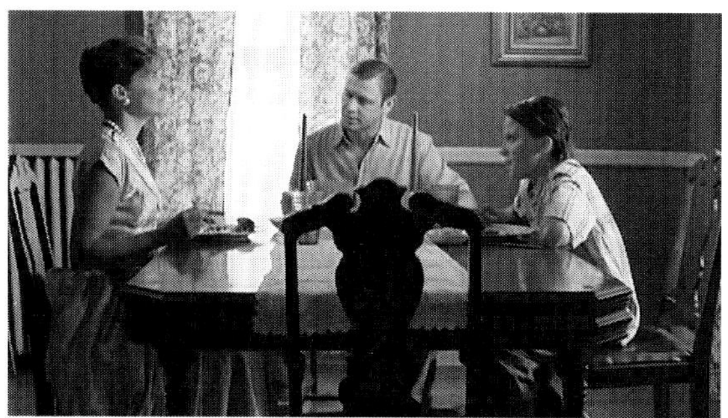

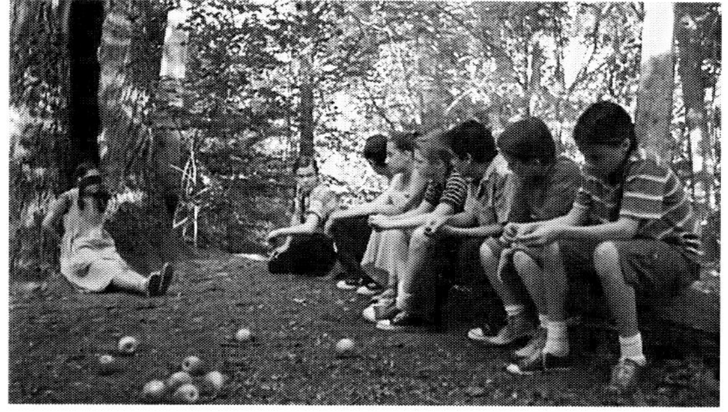

Bürgerlichkeit und Terror (II): THE GIRL NEXT DOOR

Was bleibt, ist lebenslange Schuld und das Trauma einer zerstörten und verlorenen Kindheit.

2007 also kehrte dieses ›American Crime‹ in die Kinos zurück und suchte das mittelständische

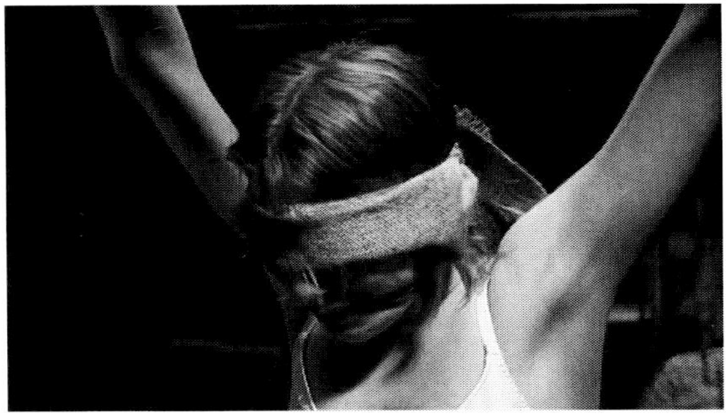

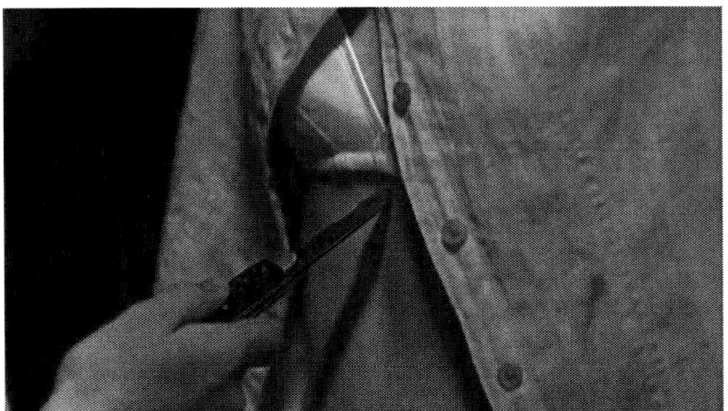

THE GIRL NEXT DOOR

Publikum in seiner bürgerlichen Doppelmoral erneut heim. 2007 war längst ein Begriff gefunden, der diese und all die anderen Filme diffamieren wollte, die sich – mal ernster, mal trivialer – mit dem (bürgerlichen) Menschen als Bestie auseinander setzten: ›torture porn‹.[5] Dieser weltweit kolportierte und nie wirklich definierte Kampfbegriff einer konservativen Presse, die damit vor allem ihr Zensurbedürfnis beschwören wollte, entspricht in Deutschland verbreiteten Propagandabegriffen wie ›Gewaltvideo‹, ›Gewaltpornografie‹ oder jüngst ›Killerspiele‹. All diese Begriffe enthalten die suggestive Habitualisierungsthese, dass nämlich die mediale Reflexion von Gewalt selbst Gewalt im Zuschauer erzeugt (›Nachahmung‹) und den Aggressionsreflex stimuliere – daher auch der gerne gesuchte Bezug zur Pornografie, jenem dezidiert ›stimulierenden‹ Genre. Zudem suggerieren alle Begriffe, dass es sich bei den stigmatisierten Medien oder Werken eben nicht um schützenswerte Kunstwerke handle. Dabei ist der Status der Kunst oft die wesentliche Barriere gegen Zensur.[6] Die Aufgabe dieses kleinen Buches soll es sein, jene als ›torture porn‹ inkriminierte Tendenz der US-amerikanischen und internationalen Kinos ernsthaft zu analysieren, und diese – wie sich in AN AMERICAN CRIME und THE GIRL NEXT DOOR bereits abzeichnet – Reflexion gesellschaftlicher Wirklichkeit in ihrer ganzen Konsequenz zu untersuchen. Ein knapper

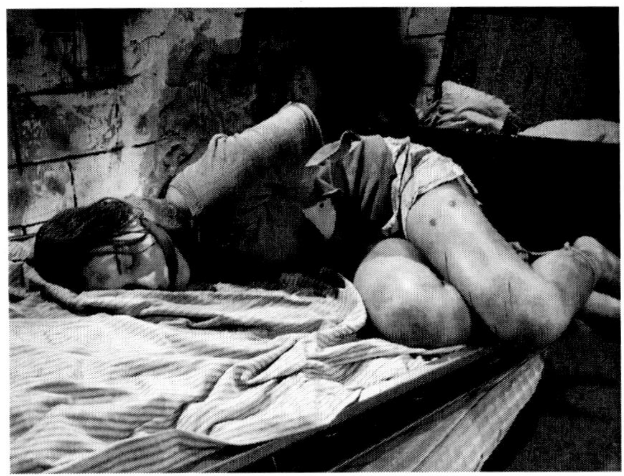

THE GIRL NEXT DOOR

Blick auf die historischen Umstände von 1960 bis heute bleibt dabei ebenso wenig aus wie auf die filmhistorische Entwicklung – vor allem des Horrorgenres. Das Phänomen des Terrorkinos soll zudem in seiner gesamten Breite erfasst werden, vom betagten Urvater Herschell Gordon Lewis, über die ›American Nightmares‹ der 1970er Jahre im Bann des Vietnamkrieges, über die zynischen ›American Psychos‹ der ›New Economy‹ bis hin zu den kommerzialisierten Folterhöllen von HOSTEL (2005) von Eli Roth und VACANCY (Motel;

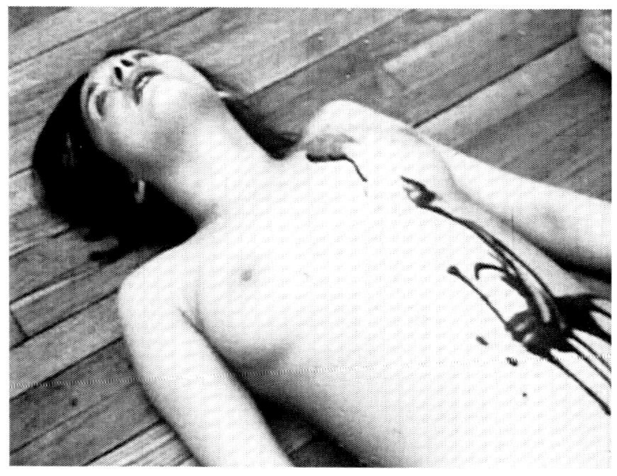

FORCED ENTRY

2007) von Nimród Antal. Die Spur führt vom pornografischen Underground der wilden Siebziger (FORCED ENTRY; 1973; R: Shaun Costello) bis in den europäischen Autorenfilm der Gegenwart (ANTICHRIST; 2009; R: Lars von Trier).

Die Lust des dunklen Souveräns

In *The Girl Next Door* entwickelt Jack Ketchum ein Porträt des ›unschuldig Schuldigen‹ als eines Verführten: »Später habe ich mich oft gefragt, wann es passiert ist«, fragt sich der jugendliche Protagonist und Mit-Peiniger des Mädchens Meg. »Wann wurde ich – ich weiß kein besseres Wort dafür – verführt? Und immer wieder fällt mir dieser Augenblick ein, dieser Gedanke. – Dieses Machtgefühl.«[7] Der Autor beschreibt jenen psychologischen Mechanismus, der den Folterer von seinem Opfer soweit trennen kann, dass dieser eins mit seinem Machtgefühl wird und das Empfinden des Opfers völlig in den Hintergrund tritt: »Als ich sie so sah, erschien mir der Abstand zwischen Meg und mir auf einmal riesig, unüberbrückbar. Nicht dass ich keine Sympathie mehr für sie empfunden hätte. Doch zum ersten Mal nahm ich sie als etwas grundlegend von mir Getrenntes wahr.« Das Opfer erscheint als das Fremde, Andere, losgekoppelt von der eigenen Position. »Sie war verletzlich. Ich nicht. Ich war in einer viel besseren Position als sie. Sie dagegen war so tief gesunken, wie es nur ging.« Was hier in der einfachen Direktheit einer pubertierenden Gedankenwelt vermittelt wird, formuliert tatsächlich ein Erlebnis der eigenen Souveränität, der totalen Erhebung über den Mitmenschen, der als gering und schwach empfunden wird. Dieser Rausch der Souveränität wird vom

Erzähler als schicksalhafter Impuls beschrieben: »Die ganze Zeit hatte ich darauf gewartet, dass so etwas passieren würde. Es war, als wäre ich an diesem strahlend schönen Tag von einer elementaren Kraft gepackt und durchdrungen worden, die mich befreite und sich in mich verwandelte, ein wilder schwarzer Wind aus den Abgründen meiner Seele.« Der Rausch der Souveränität wird zum momentanen Triumph: »Dort unten im Keller bei Ruth lernte ich, dass Wut, Hass, Furcht und Einsamkeit alle demselben Knopfdruck gehorchen und nur auf den Finger warten, der ihre zerstörerische Wirkung in Gang setzt. – Und ich lernte, dass sie nach Sieg schmecken können.«

Was Ketchum als Schriftsteller mit dem Mittel der retrospektiven inneren Rede darstellt, ist dem *per se* seduktiven Medium Film auf vielerlei Weise möglich.[8] Was in den vorangehenden Passagen reflektiert wird, kann sich daher auch zwischen dem Zuschauer und dem filmischen Werk abspielen. Das heißt, der Film ist durch eine Vielzahl von seduktiven Mechanismen (Spektakel, Bewegung, Montage, Manipulation, Suggestion usw.) in der Lage, den Zuschauer selbst in eine ethisch problematische Situation zu bringen, wie sie Ketchum beschreibt. Ein mögliches Endstadium solch seduktiver filmischer Mechanismen ist jenes, das den Zuschauer zu einer souveränen Position verführen soll, ihm scheinbar die ›Verfügungsgewalt‹ über Schicksal und Körper der Protagonistinnen und Protagonisten verleiht. Der Begriff der Souveränität ist hier übrigens den Schriften des Marquis de Sade entliehen, der diese bedingungslose Selbstdefinition über alle ethischen Grenzen hinweg zum Ideal erhob.

Bereits einige frühere Filme reflektieren diese Souveränität des erhabenen Zuschauers, indem sie stellvertretend eine (scheinbar) allmächtige Figur etablieren, die über das Schicksal der Protagonisten verfügt. Ernest B. Schoedsack und Irving Pichel inszenierten mit THE MOST DANGEROUS GAME (Graf Zaroff – Genie des Bösen; 1932) einen kleinen Horrorfilm, der in aktionsreichen Episoden von der sportiven Jagd auf Menschen erzählt. Der dekadente Russe Zaroff lebt auf seiner Insel als unumschränkter Souverän, und als einige Amerikaner dort

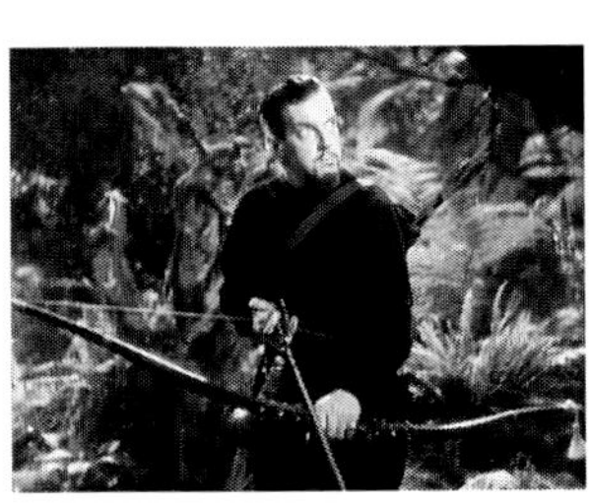

THE MOST DANGEROUS GAME

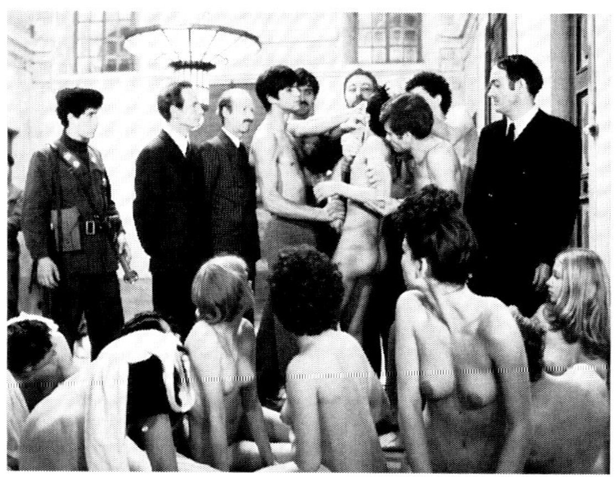

SALÒ O LE 120 GIORNATE DI SODOMA

Schiffbruch erleiden, spielt er mit ihnen ›das gefährlichste Spiel‹. Doch dem Souverän wird die Revolte des Individuums entgegengesetzt, die in seinen Untergang führt: Wunschvorstellungen absoluter Macht und Verfügungsgewalt über das entfremdete Andere werden am Ende gegen den Souverän selbst gerichtet.

Interessant könnte so ein Ansatz bei einer unmittelbaren Verfilmung der Schriften de Sades erscheinen – so könnte man annehmen, doch bis heute ist es nur einem Film gelungen, diesen

Ansatz erfolgreich umzusetzen: Als Antithese zu seiner ›Trilogie des Lebens‹ schuf Pasolini das nihilistische Manifest SALÒ O LE 120 GIORNATE DI SODOMA (Die 120 Tage von Sodom; 1975), in dem vier selbst erklärte faschistische ›Souveräne‹ in der Republik Salò zahlreiche Jugendliche demütigen, missbrauchen und töten. Der Film zeigt in distanzierten Einstellungen die fatale Logik dieses destruktiven Rituals und demonstriert auf beunruhigende Weise die seduktiven Mechanismen uneingeschränkter Verfügungsgewalt (›Souveränität‹): »die wahre Anarchie der Macht« – laut Filmdialog –, vor allem während des finalen Massakers, das von den Souveränen (und mit ihnen vom Publikum) durch Ferngläser beobachtet wird.

Um den Reiz exzessiver filmischer Szenarien zu erklären, bieten sich zwei Modelle an:

1. Der inszenierte Angriff auf den Körper funktioniert als ›Verführung zur Souveränität‹: Die meisten der zitierbaren Beispiele appellieren an eine ›Körperangst‹ des Zuschauers, einen Ekel vor dem anderen Körper (meist dem weiblichen), der daraufhin attackiert und gewaltsam unterworfen wird. Der Zuschauer kann durch die Sicherheit des außenstehenden Betrachters

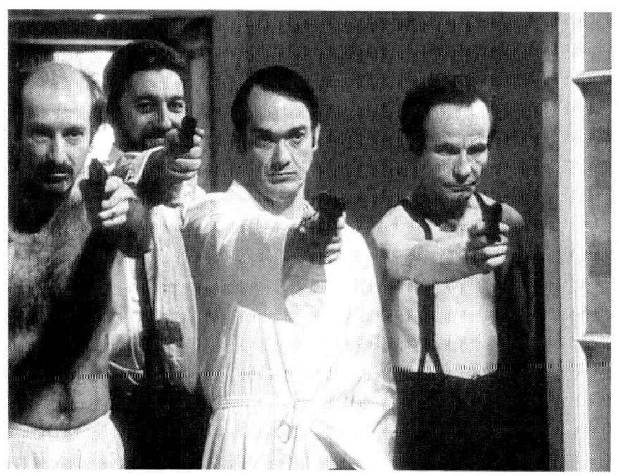

Die ›Souveräne‹ in SALÒ O LE 120 GIORNATE DI SODOMA

die (virtuelle) Souveränität (also Verfügungsgewalt) über den fremden bzw. anderen Körper erleben. Hier liegt also tendenziell eine Identifikation mit dem filmischen Aggressor zugrunde. Diese Perspektive entspräche mit Laura Mulvey einem taxierenden und unterwerfenden ›männlichen‹ Blick.[9]

2. Die Identifikation mit dem Opfer fungiert als masochistischer Genuss: Die umgekehrte Möglichkeit baut auf die Identifikation mit dem Opfer der Aggression, wobei angesichts des auf sich

selbst projizierten Schreckens der Körperzerstörung eine Konfrontation mit eigenen Ängsten (bis zum Selbstekel) möglich wird. Diese Perspektive entspräche einem theoretisch gedachten ›weiblichen Blick‹ auf das Unterwerfungsszenario.

Beide Ansätze funktionieren allerdings nur, wenn der Rezipient zur Distanz und Reflexion fähig ist: Im ersten Fall muss er das Geschehen als ›sadistisches Spiel‹ begreifen – und sich damit von seiner Alltagsmoral lösen –, im zweiten Fall muss er sich das Fiktionale des Geschehens stets vor Augen halten, um nicht tatsächlich traumatisiert zu werden.

Ein Prüfstein dieser Rezeptionshaltung ist der exploitative Film der sechziger bis achtziger Jahre, sowie jene Filme, die in den letzten Jahren unter dem Begriff ›torture porn‹ bekannt wurden: Dort werden die meist attraktiven Körper der menschlichen Opfer in ihrer Be- und Misshandlung einem distanzierten Publikum vorgeführt. Umberto Lenzis CANNIBAL FEROX (Die Rache der Kannibalen; 1981) zeigt zum Beispiel eine Gruppe moralisch völlig korrupter Drogendealer, die im südamerikanischen Dschungel mit drastischen Schikanen eine Gruppe ›Eingeborener‹ zu grausamen Ritualen provoziert. Dieses blutrünstige

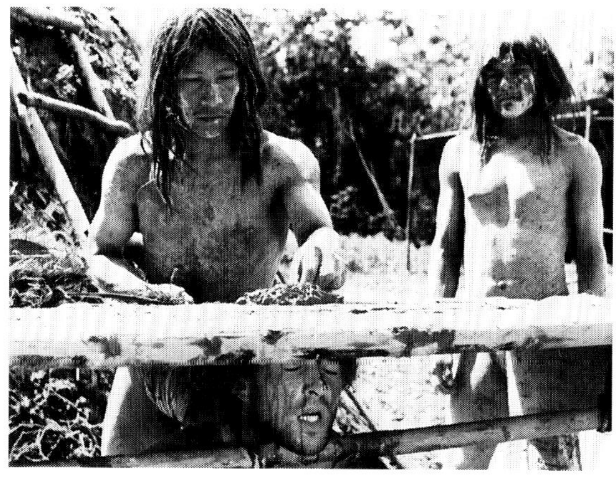

CANNIBAL FEROX

Beispiel eines exploitativen Sensationsfilms aus Italien zelebriert in breit ausgewalzten Inszenierungen die völlige Zerstörung des (vornehmlich weiblichen) Körpers und versetzt den Zuschauer in die Situation, aus voyeuristischer Perspektive Souveränität über das Schicksal der Protagonistinnen zu erlangen. Die Auflösung des Körpers wird zu einer ›obszönen‹ Feier der Neugier auf das Unzeigbare. Zugleich wird hier die weibliche Geschlechtlichkeit als das ›abjekte Andere‹ (siehe Glossar) klassifiziert und attackiert.

Was von den Massenmedien also oft als medialer Sündenbock ›Gewaltpornografie‹ beschworen wird, verweist letztlich nur auf ein Endstadium der Profitgesellschaft, in der selbst der menschliche Körper nur noch zur frei verfügbaren Ware verkommen ist – und ein entsprechend reflektierender Zuschauer sollte die allegorische Natur dieser exzessiven Szenarien dechiffrieren können.

Es bleibt dabei anzumerken, dass ein politischer Begriff der Souveränität – also das Recht, nach eigenem Gesetz zu leben und zu handeln – von einem ästhetisch-philosophischen Begriff der Souveränität zu unterscheiden ist, wie ihn der französische Philosoph Georges Bataille vorschlägt. Diese symbolische Souveränität hat Rita Bischof in ihrem Buch *Souveränität und Subversion* (1984) differenziert, wobei auch diese Autorin auf einem Ausgangspunkt verharren muss: »Aus der Perspektive der profanen Welt ist die souveräne Welt eine Sphäre sinnloser Zerstörung.«[10] Für den Bereich der Kunst und speziell des Films gilt zunächst jener der symbolischen Souveränität, wobei gerade im exploitativen Kontext auffällt, wie sehr hier der souveräne (Willkür-)Akt meist rückgebunden wird an einen konkreten politisch-historischen (Nationalsozialismus, Inquisi-

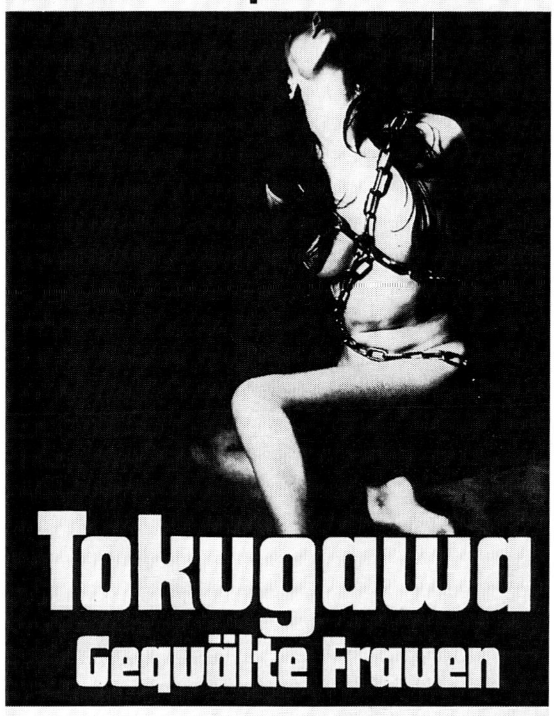

TOKUGAWA ONNA KEIBATSUSHI

tion) oder gegenwärtigen (Verfall des ehemaligen ›Ostblocks‹) Kontext. Das gilt für Pasolinis SALÒ ebenso wie für weniger vielschichtige Filme.[11]

Im Japan der Tokugawa-Dynastie war – so will es die Überlieferung und somit auch das mythenbewahrende japanische Kino – willkürliche Folter der leibeigenen Bevölkerung an der Tagesordnung. Verfolgung von Christen, Obrigkeitswillkür, die unumschränkte Tyrannei des Souveräns – all diese Motive tauchen in den japanischen *jidai-geki* (Historienfilmen) der sechziger und siebziger Jahre auf und liefern den Unterbau für die Präsentation einer Aneinanderreihung von Gräueltaten in detailversessen rekonstruiertem historischem Ambiente. Teruo Ishii erzielte mit seinem teuer produzierten historischen Folterdrama TOKUGAWA ONNA KEIBATSUSHI (Tokugawa – Gequälte Frauen; 1968) einen weltweiten Publikumserfolg, indem er eine aufwändig in Breitwandbildern inszenierte Ausstellung von Folter und Quälerei als Nervenkitzel präsentierte. Für einen westlichen Betrachter ist gerade die sorgfältige ästhetische Gestaltung dieses Films und seiner Nachfolger sehr irritierend, da diese den oft hastig gedrehten italienischen Exploitationfilmen weit überlegen ist. Eine Frage bleibt in

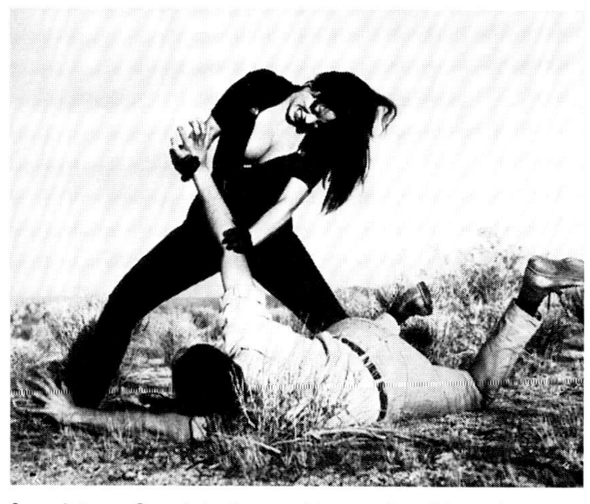

Sexualisierte Gewalt in den *roughies* von Russ Meyer (FASTER, PUSSYCAT! KILL! KILL!; 1965)

jedem Fall: Was ist an einer seriellen Simulation grausamer, oft sexualisierter Folterakte für den Zuschauer reizvoll?

Im exploitativen Spielfilm kann die Grenze zwischen aggressiver, meist rein phallisch-penetrierender Sexualität und sexualisierter Gewalt durchaus fließend sein. Es ist bemerkenswert, dass im transgressionswilligen Kino der siebziger Jahre die Entwicklung konventioneller Pornografie,

Softpornografie, gewalttätiger Sexfilme (*roughies*) sowie exzessiv gewalttätiger Exploitationfilme nahezu parallel verlief, sich teilweise sogar an dasselbe Publikum richtete. Die Hochphase des letzteren jedoch ist tatsächlich gegen Ende der siebziger Jahre anzusetzen und erlebte mit dem Siegeszug des Videos wenige Jahre darauf einen kurzen Boom, der durch massive Zensur in vielen europäischen Ländern beendet wurde. 1979 stellte Baudrillard in diesem Zusammenhang bereits die Tendenz des Pornofilms fest, die Grenzen auszuweiten: »[...] warum beim Nackten, beim Genitalen stehen bleiben: Wenn das Obszöne zur Ordnung der Repräsentation und nicht des Sex gehört, muss er das Innere und die Eingeweide selbst erforschen [...]. Die Zukunft der Obszönität ist grenzenlos.«[12]

Was die sensationalistische Struktur jener Filme, die als ›torture porn‹ subsumiert bzw. so missverständlich wie inflationär als ›Gewaltpornografie‹ gekennzeichnet werden, ausmacht, ist die tatsächliche fast mit dem pornografischen Film vergleichbare Aneinanderreihung sensationalistischer *setpieces*, also in sich abgeschlossener Handlungsfragmente, in denen meist sexualisierte Gewaltakte in ausführlicher Drastik präsentiert werden.

Die stichwortgebende Handlung beschränkt sich auf die Erzählung einer Ausgangssituation, die möglichst viel gewaltträchtiges Konfliktpotenzial birgt. Die sensationalistische Inszenierung mit zahlreichen langen Nahaufnahmen von Akten verheerender Körperzerstörung appelliert damit zunächst an eine morbide Neugier auf das Innere des anderen, ›fremden Körpers‹. Voraussetzung ist dabei die Wahrnehmung des verletzten Körpers als des ausgegrenzten ›Anderen‹, des ›Fremden‹: ein Distanzierungsmechanismus, der den geneigten Rezipienten offenbar vor einem ausgeprägten Mitleid schützt, denn mit einer weitgehenden emotionalen Teilnahme lässt sich das Geschehen in dieser Intensität kaum rezipieren. Dieser Punkt ist absolut strittig, da er den erwähnten ›konservativen Kritiker‹ zu der moralisierenden Annahme hinreißt, es ließen sich verallgemeinernde Grenzen des – so eine häufige Formulierung der Bundesprüfstelle für jugendgefährdende Medien – »gesunden Menschenempfindens« festlegen. Man sollte sich in diesem Zusammenhang an den Begriff des moralischen ›Normalmenschen‹ erinnern, der bis in die sechziger Jahre immer wieder als Referenz angeführt wurde: »1961 verabschiedete der Bundesgerichtshof den Normalmenschen.

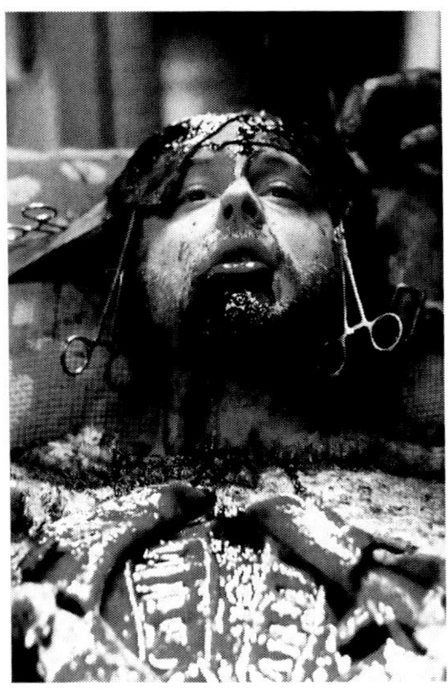
Neugier auf das Innere des Anderen (Rob Zombies HOUSE OF 1000 CORPSES; 2003)

›Unzüchtig‹ und damit strafbar war bis dahin, was das ›Schamgefühl normal angelegter Personen verletzt‹. Schon das Reichsgericht hatte mit dieser Kunstfigur operiert; nicht alt, nicht jung; nicht Männchen, nicht Weibchen; nicht borniert, nicht verständig – einfach nur normal. 1921 war in dem berüchtigten, von rechtsradikalen Volksschützern angezettelten Berliner Prozess um Schnitzlers *Reigen* eine gespenstische Sechstageparade von Durchschnittsmenschen abgenommen worden. Dem baute der BGH 1961 vor. [...] Der BGH stellte für seinen Freispruch zwei wichtige Maximen auf: Erstens müsse ›das

Wesen der zeitgenössischen Kunst mitberücksichtigt‹ werden; zweitens sei von dem Eindruck auszugehen, ›den ein künstlerisch aufgeschlossener oder zumindest um Verständnis bemühter, wenn auch literarisch nicht besonders vorgebildeter Mensch vor dem Kunstwerk hat.‹«[13] Eine Distanzierung des Rezipienten von der emotionalen Tragik des Geschehens ist dennoch unabdingbar. Mit dem Empfinden des ›Anderen‹ als ›Nicht-Selbst‹, also unter Umständen gar als feindlich, geht eine unterschwellige Aggression des Rezipienten gegen die ›Andersartigkeit‹ einher, die sich meist in der Figurenzeichnung der destruktiven Protagonisten der Filme spiegelt. Die Identifikationsstruktur des Exploitationfilms denkt die Ambivalenz des Modells vom Vertrauten bzw. Anderen offenbar mit.

Neben die Neugier auf das ›Innere des Anderen‹, neben die emotionale Distanz angesichts der Abgrenzung des Rezipienten von den gezeigten Opfern, tritt eine kindliche Zerstörungslust, die Freude an der hemmungslosen Demontage, die die Macht über Leben und Tod als ultimative Feier der Freiheit des Subjekts zelebriert (man denke hier erneut an die zitierte Passage aus Jack Ketchums Roman *The Girl Next Door*). Dies wird vor allem in den frühen Splatterfilmen von Herschell Gordon Lewis deutlich, in denen bevorzugt der weibliche Körper in aus heutiger Perspektive oft lächerlichen Spezialeffekten vollkommen zerlegt wird (TWO THOUSAND MANIACS!; 1964). Hinzu kommt die Lust an der Dominanz über ›das Andere‹. Diese Dominanzlust dient – wie oben vermutet – der banalen Selbsterhöhung, also Steigerung des Souveränitätsempfindens des Rezipienten durch die projizierte, simulierte Vernichtung eines zuvor wehrlos gemachten Wesens. Da in den meisten Exploitationfilmen das Opfer des Gewaltaktes eine Frau ist, kommt ein besonders drastisches misogynes Motiv hinzu: der gezielte Angriff auf den Unterleib und die Brüste. Was aus der distanzierten männlichen Rezipientensicht also bereits als ›das Andere‹ gekennzeichnet ist, wird bewusst im Hinblick auf die Attribute der ›Andersartigkeit‹ attackiert. Vor allem der amerikanische Undergroundfilm arbeitet mit einem solchen Modell: In Nick Palumbos MURDER-SET-PIECES (2004) massakriert ein deutschstämmiger Neonazi und Fotograf im Sexakt erst seine Modelle, um später die kindliche Schwester des letzten Opfers zum Wunschziel zu küren: Hier wird manisch auch das letzte Tabu gebrochen. Einen

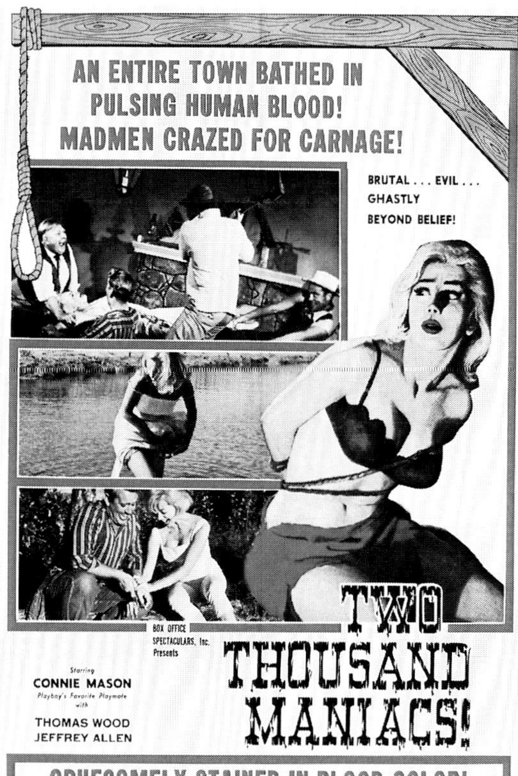

Herschell Gordon Lewis' TWO THOUSAND MANIACS!

Höhepunkt dieser Attacke auf die Weiblichkeit erreichte David DeFalco in CHAOS (2005), einem unabhängig produzierten Remake von THE LAST HOUSE ON THE LEFT (Mondo brutale / Das letzte Haus links; 1972; R: Wes Craven), in dem der Anführer einer Killerbande die Leiche einer Protagonistin mit einem Bowie-Messer schändet und danach die erweiterte Öffnung penetriert. Um eine Distanz auch zu den folternden und tötenden Protagonisten für den Rezipienten zu ermöglichen, wählt das Exploitationkino meist Sujets, die ohnehin mit ausgegrenzten, *abjekten* Phänomen arbeiten: etwa den ›grausamen Wilden‹ im oft rassistisch gestalteten Kannibalenfilm, den ›Geisteskranken‹ im *slasherfilm* (einer exploitativen Variante des in den neunziger Jahren so populären Serialkiller-Films, zum Beispiel MURDER-SET-PIECES), obdachlose Herumtreiber und

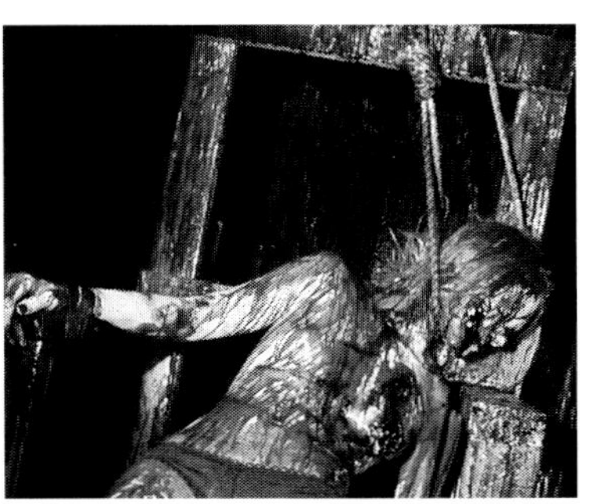

Misogyne Exzesse in MURDER-SET-PIECES

Outlaws (wie in CHAOS und THE LAST HOUSE ON THE LEFT) oder gar den verrohten Hinterwäldler des *Backwood*-Horrorfilms (von John Boormans DELIVERANCE / Beim Sterben ist jeder der erste; 1972; bis Andrew van den Houtens OFFSPRING / Beutegier; 2009).

Das Terrorkino der Gegenwart ist von einem atemlosen Tempo gekennzeichnet. Das war nicht immer so. Stilistisch fällt auf, dass Tempo und Bewegung in der Inszenierung italienischer Exploitationfilme der 1970er Jahre noch keine große Rolle zukommen. Statt dessen tritt eine betonte Langsamkeit, eine Zeitlupenhaftigkeit der Handlungen ein, die eine bewusste Überbetonung des Affektbildes mit sich bringt: Der zur Passivität verdammte Rezipient soll durch diese expliziten Darstellungen physischer Auflösung gezwungen werden, sich zu seiner eigenen Körperlichkeit in Beziehung zu setzen, ohne darauf reagieren zu können. Im amerikanischen Gegenwartskino (etwa der SAW-Reihe; 2004 ff.) wird diese Verzögerung durch ein die Netzhaut peinigendes Montagegewitter ersetzt, es kommt also nicht mehr nur das drastische Bild zu Geltung, sondern das Tempo der Montage selbst soll einen Distanzverlust und eine Leiderfahrung im Rezipienten begünstigen.

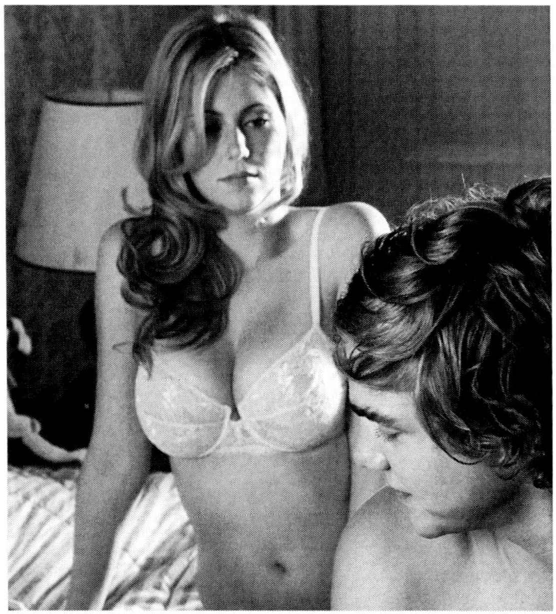

Jugendliche, attraktive Opfer: Michael Bays THE TEXAS CHAINSAW MASSACRE (2003)

Die Wirkung dieser Affektbilder dürfte bei konzentrierter Rezeption in jedem Fall eine physische Wirkung auf den Rezipienten nicht verfehlen. Wie bereits erwähnt, werden solche Inszenierungen oft als ›Gewaltpornografie‹ bezeichnet, was insofern einleuchtet, da hier sorgfältig auf die grundlegende Ästhetik angesichts des »nicht Ästhetischen« (Roland Barthes) von (echtem) Sex und Tod geachtet wird. Die Opfer sind meist durch körperliche Attraktivität und Jugendlichkeit gekennzeichnet (hier kann AN AMERICAN CRIME [2007; R: Tommy O'Haver] durchaus als Endpunkt gesehen werden). Susan Sontag bemerkt hierzu treffend in ihrem Essay *Das Leid anderer betrachten* (2003): »Die meisten Darstellungen von gequälten, verstümmelten Körpern erwecken auch ein laszives Interesse. [...] Alle Bilder, die Verletzungen eines anziehend wirkenden Körpers darstellen, sind bis zu einem gewissen Grade pornografisch. Aber auch Bilder, die etwas Abstoßendes zeigen, können locken. Jeder weiß, dass es nicht bloße Neugier ist, die bei einem schweren Unfall auf der Autobahn den Verkehr auf der Gegenspur ins Stocken bringt. Bei vielen kommt auch der Wunsch ins Spiel, etwas Grausiges zu sehen. Wenn man solche Wünsche als ›krankhaft‹ bezeichnet, stellt man sie als eine seltene Verirrung dar – aber dass Menschen sich von solchen Anblicken angezogen fühlen, ist keine Seltenheit, und es ist seit jeher eine Quelle von Seelenqualen.«[14] Natürlich könnte man auch

George Batailles Betrachtung einer Fotoserie mit Aufnahmen einer ›chinesischen Folter‹ hinzuziehen, doch Bataille ›liest‹ diese Fotos unvorstellbaren Leids auf einer transfigurierenden, nahezu religiösen Ebene. »Bataille sagt nicht, dass ihm der Anblick dieser Quälerei Vergnügen bereitet. Aber er sagt, dass er sich extremes Leid als etwas, das mehr ist als leiden, vorstellen kann – als eine Art von Transfiguration. Dieser Blick auf den Schmerz, auf das Leiden anderer ist im religiösen Denken verwurzelt, das den Schmerz mit dem Opfer und das Opfer mit Erhebung verbindet – eine Ansicht, wie sie dem modernen Empfinden fremder nicht sein könnte, das im Leiden stets einen Fehler, einen Unfall oder ein Verbrechen sieht. [...] Etwas, das uns unsere eigene Ohnmacht spüren lässt.«[15]

In seinem *slasherfilm* (auf Deutsch etwa: ›Schlitzerfilm‹) LA CASA SPERDUTA NEL PARCO (Der Schlitzer; 1980), einem deutlichen Vorläufer aktueller Terrorfilme, bringt Ruggero Deodato auf äußerst zynische Weise Klassenpolitik und *serialkiller*-Motiv zusammen: Hier wird das Heim einiger New Yorker *jetset-yuppies* von emotional völlig desorientierten Vertretern der amerikanischen ›Unterschicht‹ infiltriert. Nachdem die

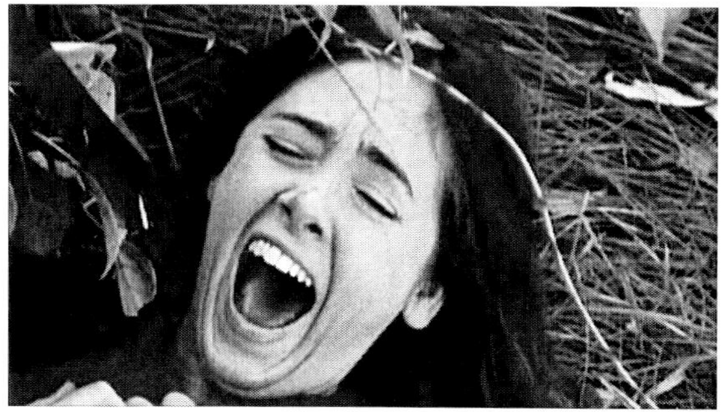

Wes Cravens THE LAST HOUSE ON THE LEFT ...

blutrünstigen Männer demütigend und vergewaltigend gewütet haben, drehen die Opfer den Spieß um, geben gar zu verstehen, dass es sich bei der ›Party‹ um eine organisierte Racheaktion gehandelt habe, um die Vergewaltigung einer jungen Frau, die man zu Beginn des Films sieht, zu rächen. Die Identifikationsstruktur dieses Films bietet dem Rezipienten gleich auf mehreren Ebenen ein Alibi, sich von den gezeigten Schmerzen emotional zu distanzieren und das blutrünstige Geschehen als reines Spektakel zu genießen, nicht zuletzt, da jede Figur auf eine eigene Weise als eigennützig und unehrlich gezeichnet ist. Speziell die Zeichnung der Frauenfiguren changiert

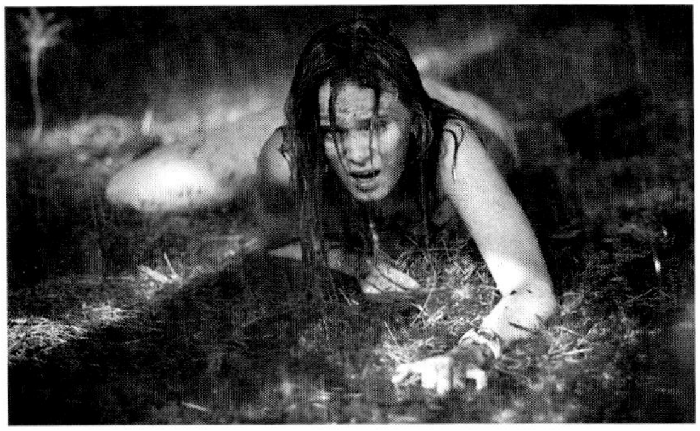

... und das Remake von Dennis Iliadis

hier zwischen Sich-Anbieten und Racheüben. Das seduktive Moment dieses Films liegt also in einer wechselnden Identifikationsmöglichkeit mit Täter und Opfer, was eine völlige ethische Desorientierung mit sich bringt, mit dem problematischen Schluss, dass der Film suggeriert, der Anlass zur Aggression komme aus einer verwahrlosten ›Unterklasse‹. Dieser Film entstand in der Nachfolge von Wes Cravens *rape-revenge*-Film THE LAST HOUSE ON THE LEFT und ist mit demselben Protagonisten besetzt. In Cravens Film entführen, foltern und ermorden vier Outlaws zwei Teenager-Mädchen, die von ihnen Dope kaufen wollten, und werden später von den El-

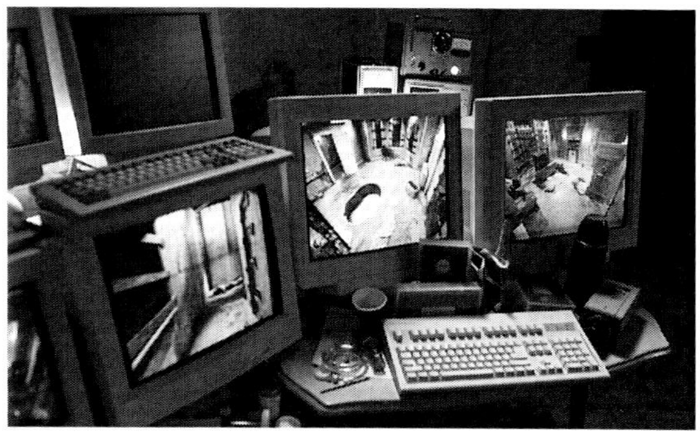

Überwachungssysteme in SAW II

tern des einen Mädchen getötet. Dennis Iliadis hat 2008 ein intensives Remake des Films inszeniert, das unmittelbar als Teil der ›torture porn‹-Welle gesehen wurde.

Auffällig ist bereits früh, dass Terrorfilme die eigenen Mechanismen reflektieren, indem sie Wahrnehmungsirritationen, Spielarrangements und mediale Beobachtungssysteme in die Handlung integrieren. Was diese Filme also mitunter leisten, ist ein von der Inszenierung mit erstaunlicher Konsequenz verfolgter Metadiskurs über die Mechanismen der eigenen exploitativen Strategien bezüglich des Blicks, der Erwartung und der Sensationsgier des Rezipienten. Es bleibt

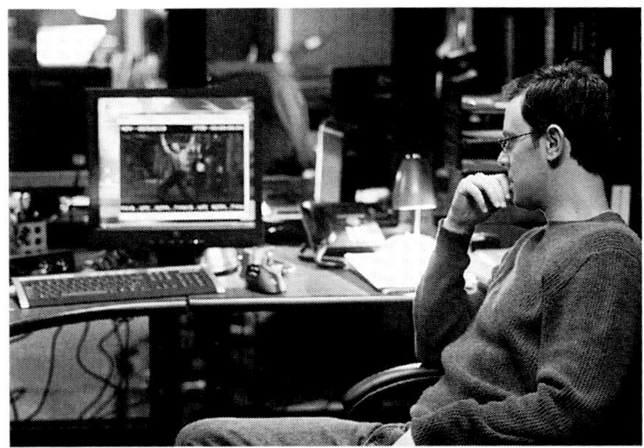

Unter Beobachtung: UNTRACEABLE

dabei anzumerken, dass sich vielen dieser Filme selbst keine kritische Reflexion dieser Mechanismen zumessen lassen – zu sehr erfüllen sie ihre hyperrealen Darstellungsklischees –, wie man es beispielsweise an der teilweise medienkritischen Perspektive von Ruggero Deodatos CANNIBAL HOLOCAUST (Nackt und zerfleischt; 1980) erkennen kann: Dort wird die provokative, rassistische und korrupte Handlungsweise des dargestellten Filmteams, das im Dschungel wütet, eindeutig moralisch verworfen. Weiterhin ist selbstredend fraglich, ob derartige rudimentäre Diskurse, die sich an einigen Terrorfilmen nachweisen lassen, überhaupt vom Rezipienten wahrgenommen werden. Es ist dabei bemerkenswert, dass in jüngeren Terrorfilmen diese metamediale Perspektive zu einem Standard geworden ist: Der Moment der Beobachtung, der Inszenierung und des Spiels prägt ebenso die SAW-Reihe und die HOSTEL-Filme (2005 ff.; R: Eli Roth) wie auch andere Beispiele (CAPTIVITY; 2007; R: Roland Joffé. VACANCY; Motel; 2007; R: Nimród Antal. UNTRACEABLE; 2008; R: Gregory Hoblit usw.).

Letztendlich bleibt stets die Verführung angesichts der souveränen Position des Betrachters der Ausschreitungen, der sich im Notfall von Täter und Opfer gleichermaßen distanzieren kann, ohne zu merken, dass gerade die skrupellose Neugier des Rezipienten Ursache des obszönen Rituals ist. Die Verheißung, das ›Innere des Anderen‹ präsentiert zu bekommen, führt in einen zynischen Kreislauf. Die hier beschriebenen filmischen Phänomene sind seit den sechziger Jahren auf die eine oder andere Weise im Filmgeschehen immer präsent, geboren aus einer grundsätzlich erweiterten medialen Einsicht in den Anblick realer Gewaltakte über das Fernsehen (hier nimmt der Vietnamkrieg die Schlüsselstellung ein) sowie einem

Fortschreiten der Entkörperlichung des Menschen im Zuge einer konsequenten Ausweitung kapitalistischer Produktion und der Virtualisierung der Wahrnehmung. Die Massenproduktion zerstörter Körper im Exploitationfilm ist nichts weiter als der obszöne Spiegel eines ohnehin obszönen und inhumanen Systems.

Aktives und passives Vergnügen am Medium: Sadismus und Masochismus

»Die meisten Darstellungen von gequälten, verstümmelten Körpern wecken ein laszives Interesse.«

Susan Sontag, *Das Leid anderer betrachten* (2003)

Die Konfrontation mit drastischen Momenten der Körperauflösung, der inszenierten Unterdrückung und der ausagierten Tortur bieten dem Publikum ein umfassendes Affektpotenzial. Szenen wie die bereits geschilderten (und einige folgende Beispiele) drängen den Zuschauer förmlich in eine bestimmte Rolle: Sie zwingen ihn, sich zu dem drastischen Geschehen zu verhalten. Wichtiger als die Drastik der Darstellung ist hierbei die Perspektive der Inszenierung: Ist es der Blick des

Täters oder des Opfers (also eine Distanzeinbuße) – oder der Blick des nur bedingt beteiligten Zuschauers (eine Distanzzunahme)? Wie Laura Mulvey einen biologisch unspezifischen männlichen und weiblichen Blick annahm, kann man in diesem Kontext modellhaft von einem ›sadistischen‹ und einem ›masochistischen‹ Vergnügen an der Rezeption filmischer Exzesse ausgehen. Da es sich hierbei um ein oft missverstandenes Konzept handelt, möchte ich die Begriffe zunächst kurz differenzieren, um sie anschließend für diese Diskussion fruchtbar zu machen.

Laut dem *Vokabular der Psychoanalyse*[16] von Jean Laplanche ist Sadismus »eine sexuelle Perversion, bei der die Befriedigung an das dem anderen zugefügte Leiden oder an dessen Demütigung gebunden ist«. Insoweit ist auch verständlich, wie diese von Richard von Krafft-Ebing eingeführte Begriffsschöpfung auf die Schriften des Marquis de Sade zurückzuführen ist: Dessen literarische Protagonisten, Männer wie Frauen, erreichen ihre Souveränität durch das Leiden der anderen. Wichtig ist jedoch die Präzisierung, die Laplanche anfügt: »Die Psychoanalyse erweitert den Begriff des Sadismus über die von den Sexualforschern beschriebene Perversion hinaus,

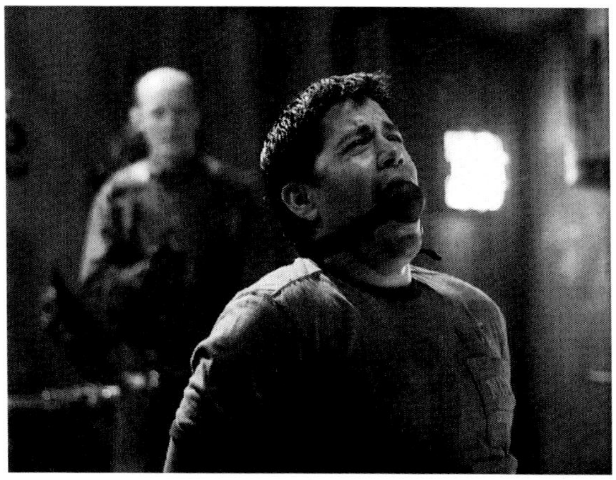

Sadistische Inszenierungen in HOSTEL ...

indem sie zahlreiche verhüllte Manifestationen, besonders infantile, darin erkennt und eine der grundlegenden Komponenten des Sexuallebens daraus macht.«[17] Gerade in der kritischen Rezeption exploitativer Filme wird die pathologische Ebene der missbrauchten Machtposition mit der ritualisierten, privaten Lust an der Tortur auf eine Weise vermischt, dass der Begriff Sadismus zur ungenauen und letztlich willkürlichen Bezeichnung wird. Wesentlich erscheint die Unterscheidung zwischen dem pathologisch-ag-

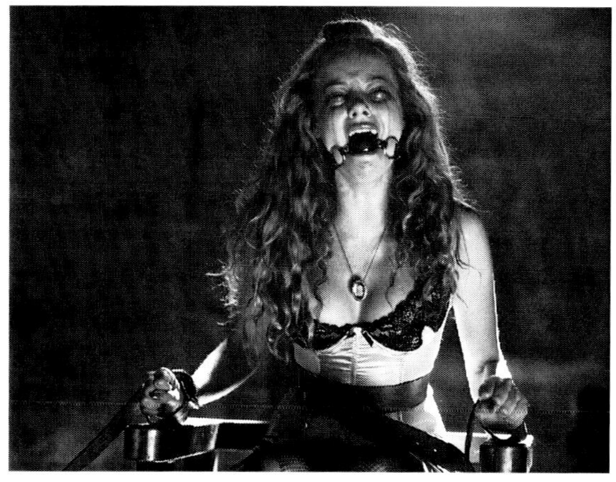

... und HOSTEL II

gressiven Sadismus aufgrund einer (politischen) Machtposition einerseits und dem freiwilligen zwischenmenschlichen Sadismus andererseits. De Sades literarische Texte hingegen setzen sich meist mit der hemmungslosen Destruktivität der Souveräne auseinander und müssen als exzessive Phantasieprodukte gewertet werden.

Um die Dialektik zwischen ›Täter‹ und ›Opfer‹ im sexuellen Bereich kompakt zu erfassen, wurde der Begriff des ›Sadomasochismus‹ eingeführt. Das Wort ist kombiniert aus den Begriffen

Sadismus und Masochismus und verweist in der Kombination Sadomasochismus folglich auf einen Zusammenhang – möglicherweise eine Dialektik – beider Phänomene. Jean Laplanche schreibt dazu, Sadomasochismus sei ein »Ausdruck, der nicht nur hervorhebt, was bei beiden Perversionen symmetrisch und komplementär sein kann, sondern auch ein fundamentales Gegensatzpaar bezeichnet, und dies sowohl in der Entwicklung als auch in der Manifestation des Sexuallebens. – Aus dieser Perspektive wurde der Ausdruck [...] aufgegriffen, um das gegenseitige Verhältnis der beiden Positionen sowohl im intersubjektiven Konflikt (Beherrschung-Unterwerfung) als auch in der Strukturierung der Person (Selbstbestrafung) hervorzuheben.«[18] Während der Begriff ›Sadist‹ – wie bereits erwähnt – den genießenden Folterer bezeichnet, der sich an der von ihm selbst ausgeübten Tortur an einem Wunschopfer stimuliert, ist der ›Masochist‹ sein programmatischer Partner, der die Tortur seinerseits in vollem Einverständnis als Stimulation goutiert. Sadist und Masochist sind somit gleichwertige Partner eines sexuellen Beziehungsgeflechts, wobei ein Changieren zwischen aktiver und passiver Rolle stattfinden kann – aber nicht muss. Wichtig für eine Definition des Sadomasochismus ist die Prämisse des gegenseitigen Einverständnisses. Eine erzwungene Situation, die nur jeweils einen der Partner ohne Einverständnis des anderen in die passive Position versetzt, kann in keinem Fall als sadomasochistisch gewertet werden. Die ausweglose Zwangssituation gleicht eher einer banalen Henker-Opfer-Konstellation, die in den wenigsten Fällen bewusst sexuell motiviert sein dürfte.

In der Kunst – und speziell im Medium Film – kommt sadistischen und masochistischen Konstellationen offenbar eine Schlüsselposition zu, wobei auch hier zwischen inszeniertem sadomasochistischem Szenario und dem sadomasochistischen Verhältnis zwischen Film und Publikum unterschieden werden muss. Ebenso wenig wie der inszenierte Akt der Verführung im Film zugleich eine Verführung der Zuschauer sein muss, ist ein Zusammentreffen der genannten Modelle nicht zwingend. Man kann gar davon ausgehen, dass die Darstellung eines sadomasochistischen Szenarios gar nicht auf sich selbst verweist, sondern auf ein übergeordnetes System, was ein solches Konstrukt genuin seduktiv macht. Abgesehen von SALÓ (Die 120 Tage von Sodom; 1975; R: Pier Paolo Pasolini), dem ein politisch grun-

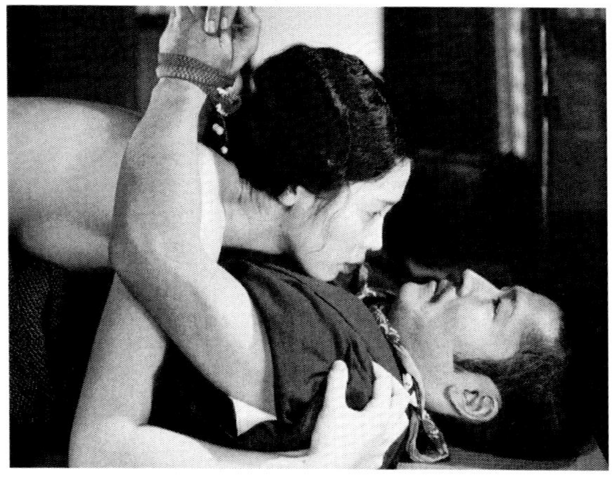

AI NO CORRIDA

diertes Modell zugrunde liegt, lassen sich in den meisten Filmen, in denen sadomasochistische Konstellationen Verwendung finden, zunächst überspitzte Geschlechterkonflikte lokalisieren: DER BLAUE ENGEL (1930; R: Josef von Sternberg), L'ULTIMO TANGO À PARIGI (Der letzte Tango in Paris; 1972; R: Bernardo Bertolucci), AI NO CORRIDA (Im Reich der Sinne; 1976; R: Nagisa Ôshima) usw. – all diese Filme stehen für bildhaftes Ausagieren des Geschlechterkrieges – mal auf subtilere, mal auf plakativere Weise. Im

Zentrum steht immer wieder eine heterosexuelle, ›männliche‹ Dominanzphantasie, die die ›Frau‹ in zwei Wunschmodelle einteilt: das unterwürfige, gegängelte Opfer und die gnadenlose, dominante Herrin beziehungsweise Domina, eine Perspektive, die als Spiegelbild der patriarchalen Macht fungiert (Baudrillard würde darin wohl eine ›phallifizierte Frau‹ erkennen). Auf diese heterosexuelle Machtphantasie ist möglicherweise die Faszination zurückzuführen, die zum Beispiel die Bondage-Fotografie des Japaners Nobuyoshi Araki oder des Amerikaners Helmut Newton auch auf nicht explizit sadomasochistisch veranlagte Betrachter ausstrahlt. Es ist anzunehmen, dass inszenierter Sadomasochismus wie in den genannten Filmen (oder Fotografien) und in der Literatur vom Publikum tatsächlich eher bildhaft aufgefasst wird: als Metapher für eine Metastruktur.

Für den Terrorfilm ist jedoch nicht primär die Darstellung sadomasochistischer Exzesse relevant, denn in den meisten Fällen haben wir es hier mit einem nicht-konsensuellen Täter-Opfer-Verhältnis zu tun. Der ›sadistische‹ Gewaltakt im Film verweist vielmehr auf das sadomasochistische Verhältnis, das der Terrorfilm zu seinem Rezipienten aufbauen möchte. Diese Inszenierungen nötigen dem Zuschauer nicht nur eine ethische Positionierung ab, sondern sie zwingen ihn gar zu einer Auseinandersetzung mit der Versehrbarkeit der eigenen Physis und Psyche. Der Rezipient wird zu einem Komplizen gemacht und dem Leid unterworfen, das die Protagonisten nur stellvertretend – als Projektionsflächen – heimsucht. Das besondere dieses Verhältnisses zwischen Film und Zuschauer ist ein ständiges Changieren zwischen Täter- und Opferperspektive, an dem das Publikum willentlich (also konsensuell) teilnimmt. Diese seduktive Wirkungsmächtigkeit des Terrorfilms – eines Subgenres zwischen Horrorfilm und Thriller – garantiert dessen erstaunliche Beständigkeit von den frühen 1960er Jahren bis heute.

Die Genese des Terrors

»Alle Bilder, die die Verletzung eines anziehend wirkenden Körpers darstellen, sind bis zu einem gewissen Grade pornographisch.«

Susan Sontag, *Das Leid anderer betrachten* (2003)

Um die Genese des filmischen Terrors zu verstehen, müssen wir noch einmal zu den Anfängen der Geschichte des Kinos zurückgehen.

Das Horrorgenre gehört zu den ältesten und langlebigsten der Filmgeschichte. Neben frühen Stummfilmexperimenten zur Verfilmung von populärer literarischer *gothic fiction* wie Mary W. Shelleys Roman *Frankenstein* (1818) kultivierte vor allem das deutsche Kino der Weimarer Zeit eine »dämonische Leinwand« (Lotte H. Eisner). Schlüsselmotive wie der Vampir (NOSFERATU – EINE SINFONIE DES GRAUENS; 1922; R: F.W. Murnau), der Doppelgänger (DER STUDENT VON PRAG; 1913; R: Stellan Rye, Paul Wegener) oder der Psychokiller (DAS CABINET DES DR. CALIGARI; 1920; R: Robert Wiene) tauchten bereits in spezifischen Varianten auf. Mit dem Einzug des Tonfilms gelang es den Universal-Studios in den USA, einen erfolgreichen Zyklus klassischer Horrorfilme zu etablieren (DRACULA; 1931; R: Tod Browning. FRANKENSTEIN; 1931; R: James Whale), in denen Boris Karloff und Béla Lugosi zu ersten Stars des Horrorfilms wurden. In den 1940er Jahren kultivierten Val Lewton und Jacques Tourneur einen atmosphärisch-psychologischen Stil (I WALKED WITH A ZOMBIE / Ich folgte einem Zombie; 1943), der erst eine Dekade später durch den blutig-bunten Gothic-Horror der britischen Hammer-Studios abgelöst wurde,

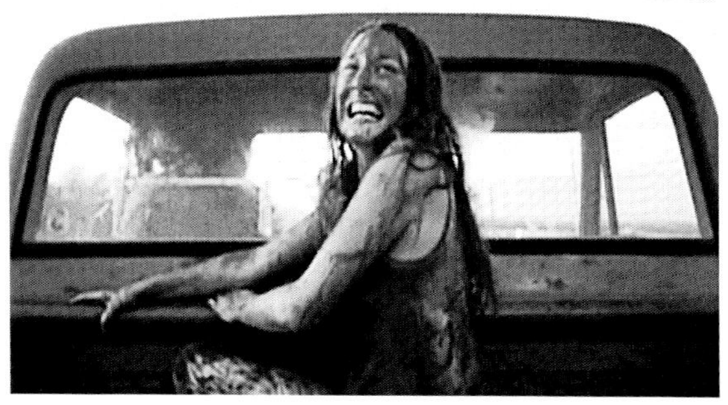

THE TEXAS CHAIN SAW MASSACRE

die den Universal-Zyklus mit Stars wie Christopher Lee (DRACULA; 1958; R: Terence Fisher) und Peter Cushing (THE CURSE OF FRANKENSTEIN / Frankensteins Fluch; 1957; R: Terence Fisher) neu aufleben ließen.

1968 wurde das Horrorgenre nachhaltig modernisiert und erhielt neue Archetypen: den profanen Zombie (NIGHT OF THE LIVING DEAD / Die Nacht der lebenden Toten; 1968; R: George A. Romero) und den beschworenen Anti-Christen (ROSEMARY'S BABY / Rosemaries Baby; 1968; R: Roman Polanski), zwei Motive, die in den folgenden Dekaden bis heute immer neu variiert wurden. Zudem entstand der Terrorfilm (THE

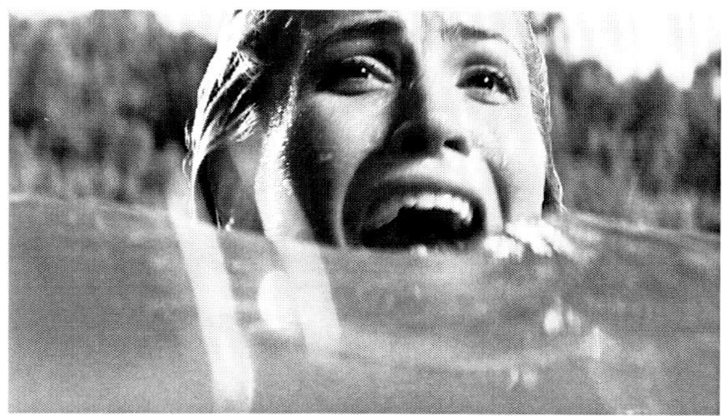

FRIDAY THE 13TH in Marcus Nispels Version von 2009

TEXAS CHAIN SAW MASSACRE / Blutgericht in Texas; 1974; R: Tobe Hooper), der das Übernatürliche und Monströse durch genuin menschliche Bedrohungen ersetzte, eine Entwicklung, die Alfred Hitchcock in seinem Psychothriller PSYCHO (1960) vorweg genommen hatte. Die Natur selbst durfte zum Angstraum werden: von Hitchcocks THE BIRDS (Die Vögel; 1963) bis JAWS (Der weiße Hai; 1975; R: Steven Spielberg). Nach erfolgreichen B-Horror-Reihen (FRIDAY THE 13TH / Freitag, der 13.; 1980; R: Sean S. Cunningham. THE EVIL DEAD / Tanz der Teufel; 1981; R: Sam Raimi) gelang in den späten 1990er Jahren eine weitere Hochphase des Genres unter dem Einfluss japanischer Produktionen (RINGU/Ring; 1998; R: Hideo Nakata. JU-ON: THE GRUDGE; 2004; R: Takashi Shimizu), die amerikanische Remakes nach sich zogen. Die politischen Wirren nach dem Terroranschlag vom 11. September 2001 brachten schließlich eine neue Popularität kruder Terrorfilme mit sich, in denen wiederum der Mensch des Menschen größter Feind ist. Das ›Körperkino‹ generierte so eine neue Dimension des Grauens: das kreative Foltern und die umfassende Versehrbarkeit des Körpers, alles detailliert inszeniert in einer drastischen Konfrontationsästhetik. Und seit je her sind es auffällig viele weibliche Protagonistinnen (*final girls*), die am Ende triumphieren dürfen. Wie dieser grobe Abriss zeigt, ist das Unheimliche, Monströse und Grausame eine beunruhigende Konstante in der Filmgeschichte, vor allem in den westlichen Kinematografien und in Japan, auch wenn inzwischen die Dimension des Terrors dominiert.

Ungewöhnlich und neu ist im aktuellen Terrorfilm die Mischung aus der fast episodischen *setpieces*-Struktur des Pornofilms und den blutigen Körperauflösungen des modernen Horror- und Splatterfilms keineswegs. Bereits der *slasherfilm* MANIAC (1980; R: William Lustig) wurde einst mit dem Begriff der ›Gewalt-Pornografie‹ stigmatisiert und in Deutschland als solche beschlagnahmt, und es erstaunt kaum, dass Lustig – wie viele seiner Kollegen – zunächst tatsächlich im Pornogeschäft gearbeitet hatte. Nicht zuletzt Herschell Gordon Lewis, der mit BLOOD FEAST (1963; ebenfalls in Deutschland beschlagnahmt) einst den Splatterfilm begründet hatte, bediente sich immer wieder einer sehr einfachen Dramaturgie: Eine simple Kriminalhandlung erzählte von der Suche nach einem blutrünstigen Mörder, dessen Taten parallel dazu, gleichmäßig verteilt, in allen Details inszeniert werden. Lewis streute damals eher zaghafte Nacktszenen ein und wurde dann

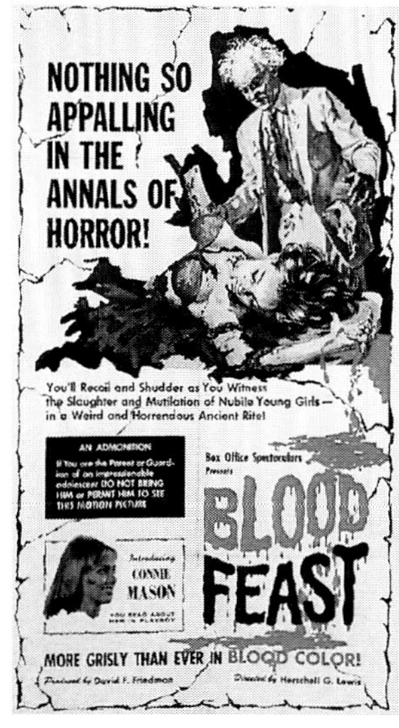

Plakat zum beschlagnahmten Splatter-Pionierwerk BLOOD FEAST

mit den durchschaubaren Gewaltsimulationen sehr explizit, während sein Kollege Russ Meyer bereits früh auch bei der Koppelung von simuliertem Sex und Gewalt deutlicher wurde. *Roughies* nannte man diese betont rüde Spielart des B- und C-Films, die bis zum Erfolg der Heimmedien in europäischen Bahnhofskinos ein beständiges Dasein führte und ebenfalls Elemente des Terrorfilms enthält. Über Lewis konnte man bereits spotten, er ersetze den *money shot* des Pornofilms (die Ejakulation) durch eine Blutfontäne.

Entgegen seinem Ruf ist gerade THE TEXAS CHAIN SAW MASSACRE eher zurückhaltend in der exploitativen Vorführung von nacktem Fleisch und Blut, ihm kam es eher auf die Inszenierung einer apokalyptischen Terroratmosphäre an, dem Zerrbild des ländlichen American Dream. Marcus Nispel dagegen zeigte bei seinem gleichnamigen Remake (2003) eine größere Freude am Fabulieren von Demütigung und Tortur. Während Hoopers Terrorfilm-Klassiker noch heute unter seiner Zensur in Deutschland zu leiden hat, ist Nispels Remake zum erfolgreichen Mainstream-Hit geworden – aus dem subversiven Underground in die Cineplexe, 30 Jahre sind dieser Entwicklung offenbar genug. Und während zeitgleich zu Hoopers Film Gerard Damianos Pornoklassiker DEEP THROAT (1972) in den amerikanischen Kinos einen Sensationserfolg feierte, kamen wiederum rüde und zynische Mischungen aus Hardcoresex und Gewalt aus dem Untergrund, deren Titel alleine schon Legende sind: FORCED ENTRY (1973; R: Shaun Costello), HOT SUMMER IN THE CITY (1976; R: Gail Palmer), WATERPOWER (Schpritz; 1977; R: Gerard Damiano) – amerikanische Undergroundfilme über *home invasion*, Tortur und Vergewaltigung, die in Abel Ferraras THE DRILLER KILLER (1979) und eben MANIAC eine kommerziellere und auch künstlerisch versiertere Spielart fanden.

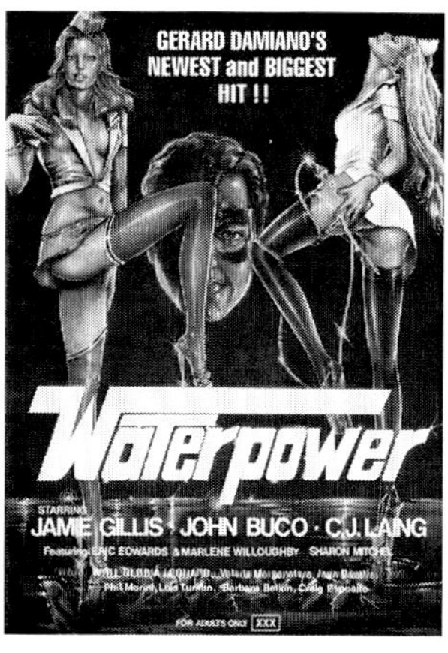

Sex & Crime: WATERPOWER

Relevant für die Genese des Phänomens Terrorfilm sind auch die Kinematografien Italiens und

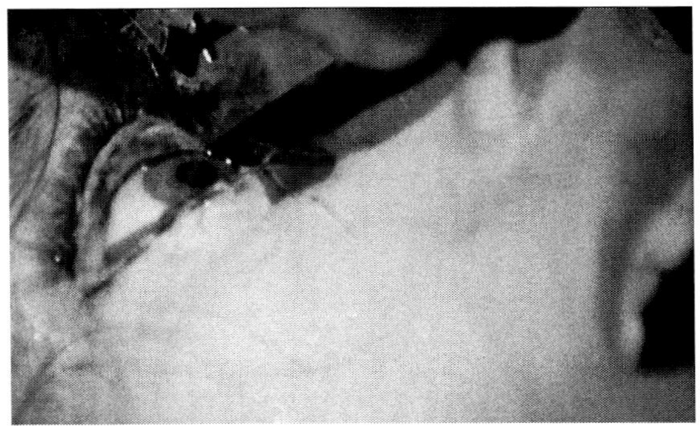

LO SQUARTATORE DI NEW YORK

Japans. In Italien versuchte sich der stark ästhetisierte *giallo*-Thriller von Dario Argento, Sergio Martino und Lucio Fulci an einer Engführung von Sexualität und expliziter Gewalt, ein Konzept, das in Fulcis Thriller LO SQUARTATORE DI NEW YORK (Der New York Ripper; 1982) seinen zynischen Höhepunkt erlebte. Aber auch der Kannibalenfilm stimulierte alle Primärsinne mit expliziter Nacktheit und einer brutalen Attacke auf die Körper. Im japanischen Kino hatte Teruo Ishii bereits Ende der 1960er Jahre eine Reihe von aufwändigen Folterfilmen begonnen, die in Deutschland als TOKUGAWA-Reihe kursiert (s.o.). Auch hier gipfelte die erotisch aufgeladene Atmosphäre stets in Folter, Verwundung und Exekution. Auch in Deutschland verbreitet ist der *rape*-Thriller DABIDE NO HOSHI: BISHÔJO-GARI (Exzesse im Folterkeller; 1979; R: Norifumi Suzuki). An die eher kunstvoll arrangierten Szenarien Teruo Ishiis knüpfte später der begnadete Stilist Takashi Ishii mit seinen stark sexualisierten HANA TO HEBI-Filmen (Flower and Snake; 2004ff.) an. Die Videoreihe GINNÎ PIGGU (Guinea Pig; R: Satoru Ogura u.a.) aus den späten 1980er Jahren reihte drastische (simulierte) Grausamkeiten mit einer minimalen Handlung aneinander und heizte einst die Debatte um mögliche *snuff*-Filme neu an, also Aufzeichnungen realer Gewalt zum Zwecke der Stimulation des Zuschauers. In Kalifornien wurde der zweite Teil der Reihe für das Dokument eines authentischen Gewaltverbrechens gehalten und bis nach Japan ermittelt, wo der Regisseur mit seinem Making-of die Inszeniertheit des Geschehens nachweisen konnte.

Der Begriff *snuff* (engl. ›Auslöschen‹) spielt auch in der Diskussion um die sogenannten ›torture porns‹ eine Schlüsselrolle. Der Mythos um reale Gewaltpornografie tauchte im Umfeld des Prozesses um die Morde der Charles-Manson-Family erstmals auf und wurde 1976 als neuer Verleihtitel für Roberta und Michael Findlays Manson-Adaption THE SLAUGHTER (1971) verwendet. Ein vom Verleiher Alan Shackleton neu gedrehter Schluss sollte suggerieren, es handle sich um einen echten *snuff*-Film. In den folgenden Jahren bezogen sich zahlreiche internationale Filme auf dieses Phänomen: EMMANUELLE IN AMERICA (Black Emanuelle – Stunden wilder Lust; 1977; R: Joe D'Amato), GRETA – HAUS OHNE MÄNNER (1977; R: Jesus Franco), THE LAST HOUSE ON DEAD END STREET (1977; R: Roger Watkins), HARDCORE (Hardcore – Ein Vater sieht rot; 1979; R: Paul Schrader), VIDEODROME (1983; R: David Cronenberg), SPECIAL EFFECTS (Hollywood Kills; 1984; R: Larry Cohen), C'EST ARRIVÉ PRÈS DE CHEZ VOUS (Mann beißt Hund; 1992; R: Rémy Belvaux, André Bonzel, Benoît Poelvoorde), MUTE WITNESS (Stumme Zeugin; 1994; R: Anthony Waller), TESIS (Tesis – Der Snuff-Film; 1996; R: Alejandro Amenábar), THE BRAVE (1997; R: Johnny Depp) und 8MM (8mm – Acht Millimeter; 1999; R: Joel Schumacher). In den 1990er Jahren wurde der *snuff*-Film bereits zur Metapher für einen radikalkapitalistischen Zynismus, der das menschliche Leben selbst zum ultimativen Konsumgut erklärte. Im neuesten Terrorkino be-

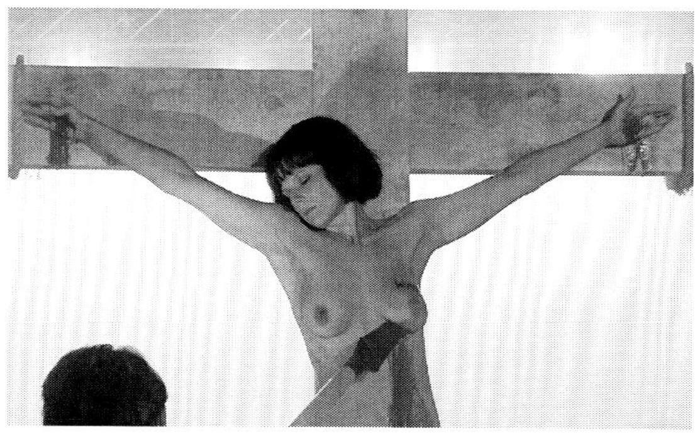

SNUFF-MOVIE

ziehen sich zahlreiche Filme direkt oder indirekt auf den *snuff*-Mythos: THE TORTURER (2005; R: Lamberto Bava), SNUFF-MOVIE (2005; R: Bernard Rose), CAPTIVITY (2007; R: Roland Joffé), VACANCY (Motel; 2007; R: Nimród Antal), UNTRACEABLE (2008; R: Gregory Hoblit), VACANCY 2: THE FIRST CUT (Motel 2: The First Cut; 2009; R: Eric Bross) und mit Einschränkungen auch die HOSTEL-Filme (2005 ff.; R: Eli Roth), in denen die Morde mit Überwachungskameras gefilmt werden. Gerade in diesen jüngsten Filmen wird immer wieder der kalte, grausame Blick des Mediums beschworen. In UNTRACEABLE wird dieser Blick zusätzlich entlarvt: Hier überträgt der Killer die Folter seiner Opfer im Internet – je mehr Nutzer sich zuschalten, umso mehr beschleunigt sich der Tötungsprozess. Der neugierige Blick ins Internet auf das verpixelte Bild eines anonymen Opfers garantiert hier die nötige Distanz, um den Konsumenten zugleich zum Mittäter zu machen. – Eine tatsächliche kommerzielle Produktion von echten *snuff*-Filmen konnte bis heute allerdings nicht nachgewiesen werden.[19]

›Torture porn‹, die sexualisierte Tortur als Unterhaltung für die Massen, das ist zugleich ein neues Phänomen, denn tatsächlich kam dieser Begriff erst auf, als sich solche drastischen Szenarien in den weltweiten Cineplexen, also im Mainstreamkino, ausbreiteten. Hatte in den 1990er Jahren die Splatter-Ästhetik endgültig Einzug in den Mainstreamfilm gehalten, war man nach dem Millennium auch vor massivsten Attacken auf alle Sinne nicht mehr sicher. Wer hätte gedacht, dass sich gar der Kreuzweg als ›torture porn‹ erzählen ließe, wie es Mel Gibson in THE PASSION OF THE CHRIST (Die Passion Christi; 2004) unternommen hatte?

Die Folter ist der Angriff auf die Würde des Menschen und die Integrität des Körpers zugleich. Jean Améry hat darüber aus eigenen Erfahrungen berichtet (*Die Tortur*; 1977), doch er merkte auch an, dass wer das Kunstspiel mit der Peitsche treibe, zur Wahrheit der Tortur zu schweigen habe (*Auf den Sade gekommen*; 1994). Mel Gibson mag bei THE PASSION OF THE CHRIST durchaus eine Läuterung des Zuschauers vorgeschwebt haben, doch was vermitteln uns HOSTEL oder SAW von dieser ›Wahrheit der Tortur‹? Zumal in einer Zeit, die eine künstlerische Reflexion von Folter und Unterdrückung dringend nötig hat? Über MANIAC sagte William Lustig einst, dies sei die »Fahrt auf der größten Achterbahn«. Und der Aspekt des Nervenkitzels mag da eine wesentliche Rolle spielen, doch es kommen andere Aspekte hinzu: Wir beobachten, dass es nicht mehr hauptsächlich Frauen sind, die hier zum Opfer werden, das Verhältnis zwischen Männern und Frauen egalisiert sich langsam. In Terrorfilmen wie HAUTE TENSION (High Tension; 2003; R: Alexandre Aja) treten Frauen gleichermaßen als Täter und Opfer auf, zugleich bieten diese Filme erheblich mehr Identifikationspotenzial für ein junges weibliches Publikum, eine Zielgruppe für das Terrorkino, die vom Branchenblatt *Variety* bestätigt wurde. Tauchten gerade in den Filmen der 1970er Jahre Frauen meist als sexualisierte

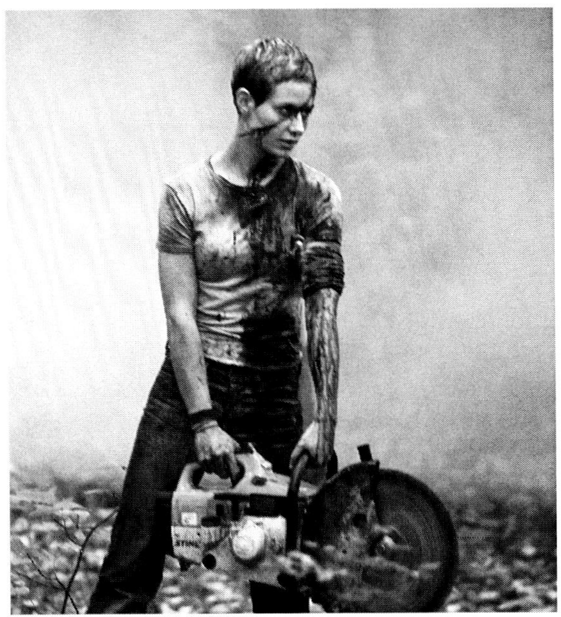

Frauen schlagen zurück: HAUTE TENSION

Opfer auf (außer im italienischen *giallo*-Thriller, wo sie oft Täterinnen sind), entwickelten sie sich gerade im *slasherfilm* zu Identifikationsfiguren und Kämpferinnen, die die Gewalt bannen konnten (HALLOWEEN / Halloween – Die Nacht des Grauens; 1978; R: John Carpenter. FRIDAY THE

13TH). Die *roughies* dieser Zeit aber (zum Beispiel THE LAST HOUSE ON THE LEFT [Mondo brutale / Das letzte Haus links]; 1972; R: Wes Craven; oder DAY OF THE WOMAN / I SPIT ON YOUR GRAVE [Ich spuck auf dein Grab / Blood Force]; 1978; R: Meir Zarchi) degradierten den weiblichen Körper zur ›abjekten‹ Spielwiese für destruktive Gelüste. HOSTEL kann als Antwort darauf gesehen werden, denn hier sind es vor allem potente Jungmänner, deren entblößte Körper das Ziel der Tortur darstellen. Oder HARD CANDY (2005; R: David Slade), wo das jugendliche (weibliche) Opfer von Kindesmissbrauch grausame Rache am (männlichen) Peiniger übt und selbst zum Täter wird.

Angst, Ekel und Grauen bleiben die elementaren Empfindungen, die das Terrorkino weckt, und ohne eine Einfühlung in die Situation des Opfers lassen sich diese Gefühle kaum kultivieren. Von daher kann von Abstumpfung des Publikums im Terrorkino kaum die Rede sein, vielmehr scheinen dem kommerziellen Zuspruch gemäß mehr Zuschauerinnen und Zuschauer denn je den Kitzel jener Attacke auf die Intimität des versehrbaren Körpers zu ersehnen. Es ist ein mitunter masochistisches Vergnügen an der Verfallsästhetik, das

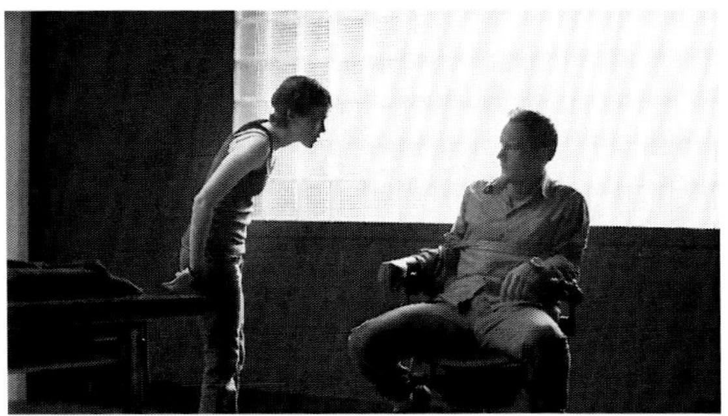

HARD CANDY

der Terrorfilm entfaltet. Und zugleich tragen diese Bilder unverkennbar das Signum der Abendnachrichten nach dem 11. September 2001 – ein Faktum, das die Filmkritik immer wieder betonte. Wir haben es also nicht einfach mit destruktiven Phantasien zu tun, sondern zugleich mit einem ästhetischen Reflex bizarrer Wirklichkeit, in der ernsthafte Diskussionen geführt wurden, ob die Folter unter gewissen Umständen wieder als probate Form der Ermittlung und Terrorbekämpfung eingeführt werden solle.

Andererseits strebt das Terrorkino in einigen Fällen ein gegenläufiges Faszinosum bei der Zeichnung der Täter an: So abstoßend die Taten des Killers aus WOLF CREEK (2005; R: Greg Mc-

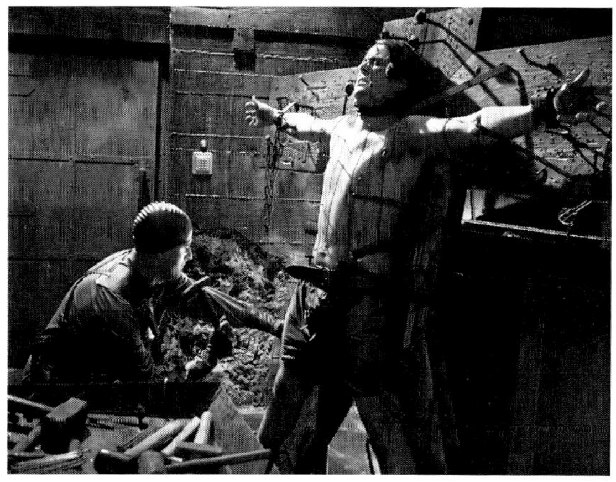

Gefolterte, entblößte Männerkörper: HOSTEL II

Lean) auch sein mögen, der schrullige Australier besticht durch seine umfassende Souveränität, seine Unantastbarkeit, mit der er das Schicksal der entführten Jugendlichen besiegelt. Diese verführerische Figur des souveränen Killers findet ihre Vollendung in Anthony Hopkins' Darstellung des Hannibal Lecter (HANNIBAL; 2001; R: Ridley Scott. RED DRAGON / Roter Drache; 2002; R: Brett Ratner). Als modernisierter Reflex auf diesen Tätertypus kann der Jigsaw-Killer (Tobin Bell) aus SAW I bis VI (2004ff.; R: James

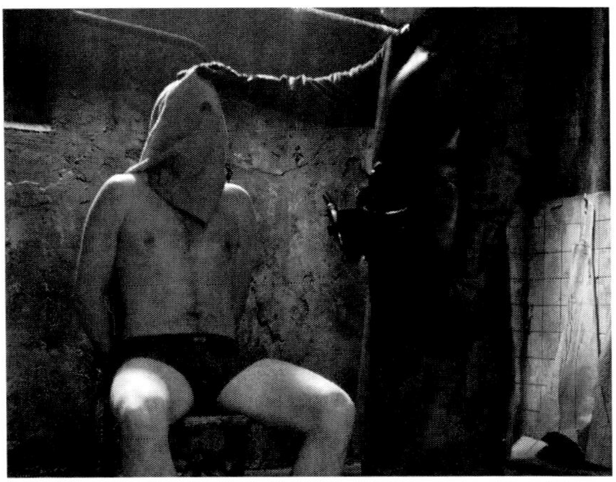

Horrorkino nach 9/11: HOSTEL

Wan, Darren Lynn Bousman u.a.) gelten: Immer bleibt er Herr seines Spiels, immer gibt es eine weitere unvermutete Ebene des Spiels, das seinen Opfern stets das Leid zugunsten einer ethischen Entscheidung abverlangt. Und wie Lecter oder John Doe (Kevin Spacey) aus SE7EN (Sieben; 1995; R: David Fincher) eignet ihm eine spezielle Moral, die das tödliche Geschehen diktiert und die suggeriert, seine Opfer sollten dem Schmerz und Tod begegnen, um selbst das Leben schätzen zu lernen.

So bieten die neuen Vertreter des Terrorfilms zahlreiche attraktive Aspekte: die intensivierte Körpererfahrung im dargestellten Schmerz, das Mitleiden mit den Opfern und der Triumph ihrer Revolte (etwa am Ende von HOSTEL und THE LAST HOUSE ON THE LEFT; 2009; R: Dennis Iliadis), die bange Bewunderung der oft intellektuell überlegenen Peiniger, und schließlich die stimulierende Mixtur aus ›sexual tease‹ und ›violent relief‹.

Rezeption und Resonanz des Terrorkinos

»Aber auch Bilder, die etwas Abstoßendes zeigen, können locken.«

Susan Sontag, *Das Leid anderer betrachten* (2003)

Das Terrorkino ist ein internationales Phänomen, und wie die exploitativen Genrefilme der 1970er finden sich auch heute in allen internationalen Kinematografien Filme, die sich jener Drastik bedienen, die durch den 100-Mio.-Dollar-Erfolg der SAW- und HOSTEL-Reihen (2004 ff. / 2005 ff.) mainstreamkompatibel wurden. Dabei tauchen auch filmische Vorläufer in der Diskussion auf, die erst nachträglich als Teil einer Welle betrachtet werden können.

BAISE-MOI (Baise-moi – Fick mich!; 2000; R: Coralie Trinh Thi und Virginie Despentes) etwa zeigt die radikalfeministische *tour de force*, die auf ein Vergewaltigungserlebnis folgt und vor allem sexuell aktive Männer zur Zielscheibe weiblicher Aggression macht. Das Konzept des *rape-revenge*-Thrillers kehrte dann Gaspar Noé buchstäblich um und erzählte seinen IRRÉVERSIBLE (Irreversibel; 2002) rückwärts. Dass es hier nicht der ursprüngliche Täter ist, dem mit einem Feuerlöscher der Kopf zertrümmert wird, entspricht der inneren Logik des nahezu nihilistischen Films.

In Japan hatte sich Takashi Miike längst einen Ruf als Tabubrecher erworben, als er mit KOROSHIYA 1 (Ichi the Killer; 2001) zwei explizit sadistische Unterweltkiller gegeneinander hetzte. Eine Folter mit siedendem Tempura-Fett gehört zu den grausamen Höhepunkten. 2008 drehte Kôji Shiraishi sein *grand guignol*-Kammerspiel GROTESQUE, in dem ein sadistischer Killer ein junges Pärchen entführt und in einem endlosen Spiel die Liebe der beiden auf eine grausame Probe stellt. Ästhetisch orientiert sich der technisch hervorragend inszenierte Film am letzten Drittel von HOSTEL, verzichtet jedoch ganz auf konventionelle Dramaturgie und kann nur noch als nihilistisches Opferspektakel betrachtet

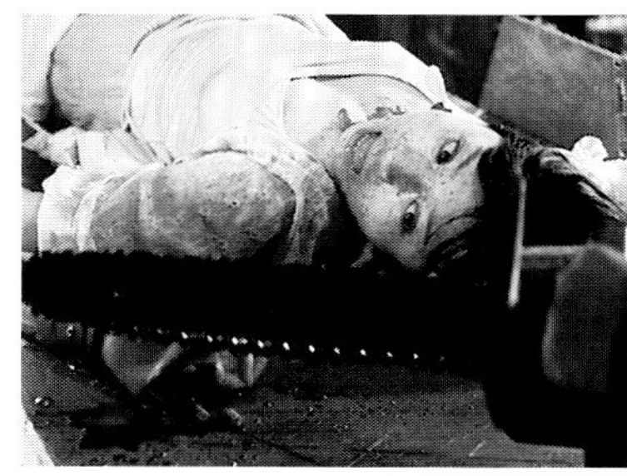

GROTESQUE

werden. Das ist für das japanisches Genrekino nicht ungewöhnlich und kommt dem polemischen Begriff ›torture porn‹ assoziativ erheblich näher als die meisten anderen erwähnten Filme.

In Österreich landete Andreas Prochaska 2006 einen nationalen Kinohit mit dem *slasherfilm* IN 3 TAGEN BIST DU TOT. 2008 entwickelte er für die Fortsetzung IN 3 TAGEN BIST DU TOT 2 eine alpine Variante amerikanischen *backwood*-Horrors über einen mörderischen Familienklan in verfallenden Almhütten. Exzessive Körperattacken waren auch in diesem Kontext kein Tabu mehr. Und während Michael Hanekes österreichischer *home invasion*-Thriller FUNNY GAMES (1997) noch mit metafilmischen Reflexionen und ethischen Fragestellungen befasst war, erschien sein US-amerikanisches Remake FUNNY GAMES U.S. (2007) nicht von Ungefähr wie eine Fußnote zum populären Terrorkino.

In Großbritannien drehte James Watkins mit EDEN LAKE (2008) eine *backwood*-Variante, in der ein mittelständisches Londoner Pärchen auf Wochenendausflug ins Grüne in Konflikt mit proletarischen Jugendlichen gerät. Als der Mann in Notwehr den Rottweiler der Jugendlichen tötet, wird er gefangen und zu Tode gefoltert, während seine Freundin verzweifelt Zuflucht in einer nahen Siedlung sucht. Doch Blut ist wie immer dicker als Wasser. Watkins entfesselt einen tödlichen Klassenkonflikt, der keine einfache Lösung kennt. Und die Folterung des Mannes wird von einem Mädchen auf dem Handy mitgefilmt.

In Italien war man von je her aufgeschlossen für funktionierende Marketingkonzepte und ließ B-Horror-Veteran Lamberto Bava auf HD-Video 2005 THE TORTURER drehen, in dem ein wahnsinniger Killer mehrere Starlets zu einem Casting einlädt, im Laufe dessen er ihren gewaltsamen Tod aufzeichnet. Genrelegende Dario Argento hatte sich seit 1969 mit sexualisierter Gewalt beschäftigt und einige der unangenehmsten *setpieces* der Filmgeschichte verantwortet. Seit den 1980er

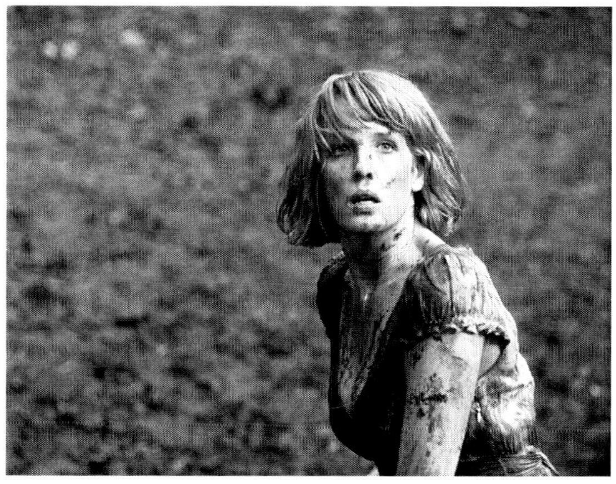

EDEN LAKE

Jahren ließ er regelmäßig den kreativ folternden Psychopathen wiederkehren (TENEBRE/Tenebrae; 1982. OPERA / Terror in der Oper; 1987. LA SINDROME DI STENDHAL / The Stendhal Syndrome; 1996. NON HO SONNO / Sleepless; 2001) und schloss mit seinem programmatisch betitelten GIALLO (2009) eher unbeholfen und selbstzweckhaft an den Foltertrend an.

Bereits in den 1970er Jahren bewarb Alan Shackleton den Film SNUFF (Big Snuff; 1976; R: Michael Findlay, Simon Nuchtern, Roberta Find-

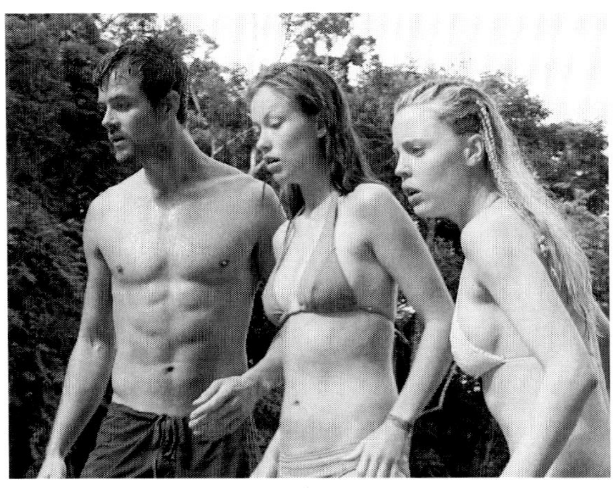

TURISTAS

lay) mit der *tagline*: »Made in Argentinia. Where Life is cheap.« Seit jeher gehört Lateinamerika aus Sicht der USA zu jenen mythenbeladenen Arealen, in denen man einfach verschwinden könnte. Mexiko ist die ewige *last frontier*, die man nicht ungestraft überschreitet, wie zahlreiche Spätwestern und Horrorfilme zeigen. Filme wie TURISTAS (2006; R: John Stockwell) und BORDERLAND (2007; R: Zev Berman) zehren von diesem Mythos: In ersterem fallen amerikanische Backpacker in die Hände brasilianischer Organhändler, in letzterem

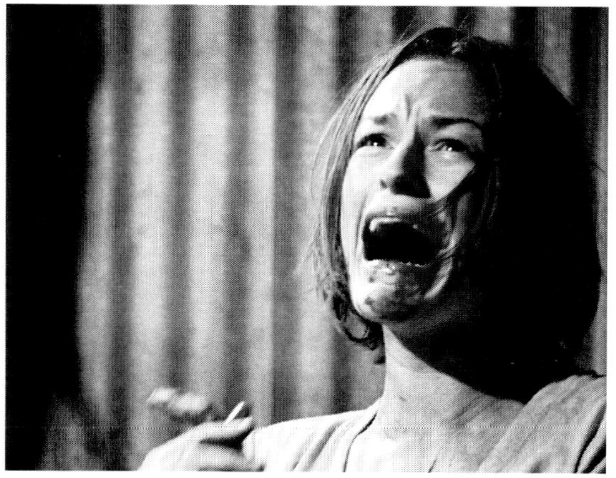

WOLF CREEK

entführen mexikanische Sektierer einen College-Jungen, um ihn ihrem Gott zu opfern.

In Brasilien hatte José Mojica Marins mit seinem dämonischen Coffin Joe bereits 1964 einen Skandalerfolg: À MEIA-NOITE LEVAREI SUA ALMA (At Midnight I'll Take Your Soul). 2008 kehrte er mit ENCARNAÇÃO DO DEMÔNIO (Embodiment of Evil) ins Kino zurück und ließ seinen folternden Leichenbestatter noch einmal auf Menschenjagd gehen, selbst wenn seine grell übersteigerte *gothic fiction* nun etwas antiquiert wirkte.

In Australien traf man in WOLF CREEK (2005; R: Greg McLean) und STORM WARNING (2007; R: Jamie Blanks) auf verrohte Hinterwäldler, die ihre sexuellen Attacken unter anderem mit dem Verlust ihrer Männlichkeit bezahlten. Der Höhepunkt dieser rächenden Kastrationen jedoch bleibt einem amerikanischen Film überlassen: In HOSTEL: PART II (Hostel 2; 2006; R: Eli Roth) erkauft sich das *final girl* das eigene Leben, schneidet den Penis ihres Folterers mit der Gartenschere ab und wird selbst zur zertifizierten High-Society-Killerin des »Elite Hunting Clubs«. Betrachtet man das Terrorkino als konsequenten Endpunkt einer vernichtenden Kapitalismuskritik, ist HOSTEL: PART II der erste Platz zuzusprechen.

Ein bizarrer Nachtrag in der ›torture porn‹-Diskussion ist Lars von Triers psychoanalytisch operierendes Mysterienspiel ANTICHRIST (2009), das bei seiner Uraufführung in Cannes einen Skandal erregte. Die drastischen Nahaufnahmen von Genitalverletzungen (blutige Ejakulation, Abschneiden der äußeren Schamlippen mit Klitoris) und der gewalttätige Ehekonflikt wurden unter anderem als Reflex des Autorenfilms auf den kommerziellen Terrorfilm gesehen. Tatsächlich hat wohl eher die gestiegene Akzeptanz von drastischen Stilmitteln solche Darstellungsformen für den ›Kunstfilm‹ verfügbar gemacht. Vor allem das europäische Autorenkino hat diese Lücke besetzt.

Der Endpunkt: Transzendenz

»[...] dass Menschen sich von solchen Anblicken angezogen fühlen, ist keine Seltenheit, und es ist seit jeher eine Quelle von Seelenqualen.«

Susan Sontag, *Das Leid anderer betrachten* (2003)

Der programmatische Endpunkt des Terrorfilms ist heute der französische Thriller MARTYRS (2008) von Pascal Laugier, der nach den metamedialen Reflexionen anderer Filme auch die philosophische und spirituelle Dimension der Tortur erkundet. Der Titel verweist auf den kulturhistorisch vorbelasteten Begriff des Märtyrers, der im Griechischen ›Zeuge‹ bedeutet. Die christliche Kulturgeschichte vermittelt den Märtyrer als einen Menschen, der um das Bekenntnis seines Glaubens willen einen gewaltsamen Tod erduldet. In Deutschland wird seit dem 17. Jahrhundert auch der deutlichere Begriff des ›Blutzeugen‹ synonym zu Märtyrer benutzt, der den Unterschied zwischen dem für seinen Glauben Gestorbenen und dem lediglich Eingekerkerten (›Bekenner‹) kennzeichnet. Wichtig für den christlichen Glauben wurde vor allem der gewaltsame Kreuzestod von Jesus Christus, der ungeachtet seiner aufkommenden menschlichen Zweifel das Äußerste erduldete. Die christlichen Märtyrer (etwa der heilige Sebastian) erleiden einen Tod, dessen Erleben dem Tod ihres Herrn Jesus Christus entspricht und der sie zu einem wahren Jünger kürt. Das Martyrium kann dann als ›Bluttaufe‹ verstanden werden, ersetzt gar die konventionelle Taufe und führt unmittelbar zur Seligkeit des Märtyrers.

Das Martyrium verbindet also die profane Realität der Tortur und der langsamen Hinrichtung eines Menschen mit dem sakralen Bereich von Taufe und Heiligsprechung. Durch das Martyrium wird der Blutzeuge selbst heilig, er ist in diesem Sinne ein *sacrificium*, ein religiöses Opfer. Die rituelle Opferung ist hierbei der Prozess der Produktion eines heiligen Subjekts. Dabei erscheint wesentlich, dass die Methode und der Prozess dieser Opferung mit einem Höchstmaß an Qual und Leid verknüpft ist und nicht unmittelbar im Tod endet. Aus religiöser Perspektive erleidet der

Märtyrer im Prozess seiner körperlichen Zerstörung ein mit dem Kreuzestod vergleichbares Leid, das ihn an einem gewissen Punkt – unmittelbar an der Schwelle zum physischen Tod – mit dem Unnennbaren konfrontiert. Diese Transzendenzerfahrung erhebt ihn für Momente in die Sphäre des Heiligen. Der Märtyrer wird des Unnennbaren für wenige Augenblicke ansichtig.

Der französische Philosoph Georges Bataille konstruierte um diesen einen Moment der Grenzüberschreitung zum Heiligen sein ganzes Denken, die Philosophie der Transgression. In *Die Tränen des Eros* (1961) schreibt er: »Seit jeher öffnete das Blutopfer dem Menschen die Augen für jene überragende Wirklichkeit, die mit der alltäglichen Wirklichkeit nichts gemein hat und die in der Religion den denkwürdigen Namen des *Heiligen* bekommt. Dieses Wort lässt sich nicht einwandfrei definieren.«[20] Bataille bezieht seine Ausführungen auf zwei Bilderserien, die er kommentiert: ein Tieropfer des Wodu-Kultes und die chinesische Leng T'sche, die »Folter der hundert Teile«. Bataille hatte von dem Psychoanalytiker Adrien Borel ein Originalfoto der chinesischen Folter erhalten, auf der dem Opfer – einem zum Tode verurteilten Attentäter –, dessen Brustkorb bereits beidsei-

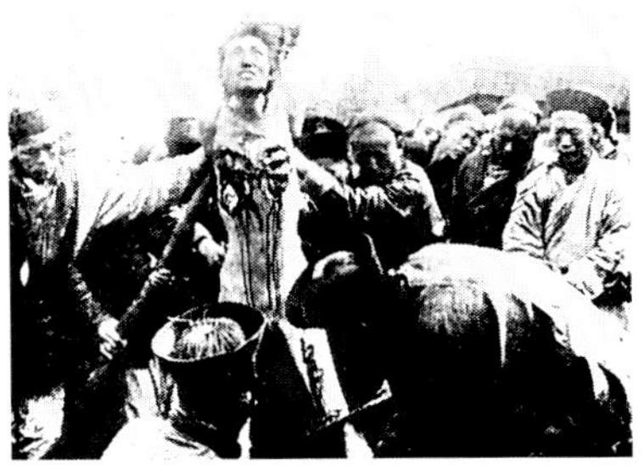

Die »chinesische Folter«

tig bis auf den Knochen freigelegt wurde, gerade das linke Bein unterhalb des Knies angesägt wird. Was Bataille in seinem begleitenden Text besonders betont, ist der Umstand, dass das Opfer mit dem (vermeintlichen?) Anflug eines verzückten Lächelns und mit aufgerissenen Augen nach oben ins Licht des freien Himmels blickt. Der Märtyrer zeigt einen ekstatischen Gesichtsausdruck. Bataille verweist zudem auf den Umstand, man habe den zum Tode Verurteilten Opium verabreicht, um die Folter zu verlängern. »Dieses Bild hat in meinem Leben eine ausschlaggebende Rolle gespielt«, schreibt er, »Dokument eines zugleich ekstatischen (?) und unerträglichen Schmerzes, ist es mir nicht mehr aus dem Sinn gegangen.«[21] Bataille beschreibt dieses Erlebnis in der Folge als »Bestürzung« und »Ekstase«. »Was ich plötzlich sah und was mich mit Angst erfüllte – was mich jedoch zugleich von dieser Angst erlöste –, war die Identität dieser vollkommenen Gegensätze: der göttlichen Ekstase und des äußersten Grauens.«

Medizinisch gesehen mag das Empfinden unerträglicher Schmerzen zu der Ausschüttung von Endorphinen, körpereigener Drogen führen, die die Nerven betäuben und ein irrationales Hochgefühl hervorbringen, doch für das Opfer selbst ist das Erleben völlig losgekoppelt vom Alltäglichen. Peter Wiechens schreibt: »Die grauenvollen Schmerzen stellen Erfahrungen von extremer Intensität dar […]. Gerade in den schockartigen Momenten einer Folterung wird oftmals der Schmerz als solcher gar nicht mehr empfunden […]. – Für Nietzsche und Bataille ist dies ein Zeichen dafür, das der Gequälte und Leidende in der Schmerzerfahrung, in der gewaltsamen, physischen Öffnung seines Körpers eine sonst nicht mögliche, intensive, ekstatische Erfahrung seiner selbst macht.«[22]

Alle bekannten vorindustriellen Kulturen hatten Rituale der Initiation, bei denen dem meist jugendlichen Initianden durch Schmerz-, Angst- oder Entzugserfahrung ein Nahtoderlebnis beschert wurde, das ihn auf eine neue Stufe der Existenz – meist das Erwachsenwerden – vorbereitete. Die westlichen Industriegesellschaften haben diese Formen der Initiation weitgehend vom Körper abgekoppelt und in soziale Rituale verlegt. Lediglich die sexuelle oder die psychoaktive Initiation beziehen den Körper mit ein. Doch die elementare Schmerzerfahrung der archaischen Initiation als Passageritus fehlt. Die symbolische Präsenz des Martyriums ist dagegen nicht verloren gegangen. Neben den sorgsam als kulturelles Erbe in Museen und Gotteshäusern bewahrten bildlichen Darstellungen historischer Märtyrer/innen ist es vor allem das Kino, das ein Bildarchiv des Martyriums hervorbringt. Hierzu zählt auch der Terrorfilm. Peter Wiechens verweist in seinen Ausführung zu Bataille darauf: »Bereits der Anblick von Folterungen oder qualvollen Hinrichtungen, ja bereits ihre bloße Vorstellung in der Phantasie genügt oftmals, um solche schockhaften Erfahrungen der Entgrenzung herbeizuführen. Die dabei entstehenden Gefühle des Aus-der-Fassung-Geratens, des Entsetzens und Ekels lösen ebenfalls für kurze Zeit die eigene, bis dahin fraglos gültige, ›natürliche‹ Einstellung auf; sie sprengen bis zu einem gewissen Grad die Grenzen der eigenen Identität und führen dazu, dass der Tod annäherungsweise erfahrbar wird.«[23] Was

Bataille beim Anblick des Fotos der chinesischen Folter erfahren hat, könnte auch dem Rezipienten eines Films mit ekstatischer Re-Inzenierung eines Blutopfers widerfahren.

Will das Kino zu einem Ort der Grenzerfahrung werden, muss es sich all jenes konventionellen dramaturgischen Ballasts entledigen, den man mit dem *classical* Hollywood verbinden mag: Romanzen, Duelle, heldenhafte Konflikte, Komik, originelle Dialoge usw. Im Zentrum eines solchen Kinos muss die Verdichtung auf den ekstatischen Moment der Grenzerfahrung, des Martyriums stehen. Das Herz dieses Kinos ist die umfassende Darstellung der Qual als eines Moments der Wahrheit – als Begegnung schließlich mit dem Heiligen. Ein solcher Film ist MARTYRS, ein Film voller Fallen und falscher Fährten. Er beginnt als Psychothriller über ein in der Kindheit traumatisiertes Opfer, Lucie, die einst ihren Peinigern entkam und sich seither von einem unheimlichen Wesen verfolgt und misshandelt fühlt. Als junge Frau kehrt Lucie (Mylène Jampanoï) zu der Täterfamilie zurück und erschießt diese mitsamt ihren Kindern. Begleitet von ihrer Freundin Anna (Morjana Alaoui) findet sie zunächst eine Komplizin, die jedoch an-

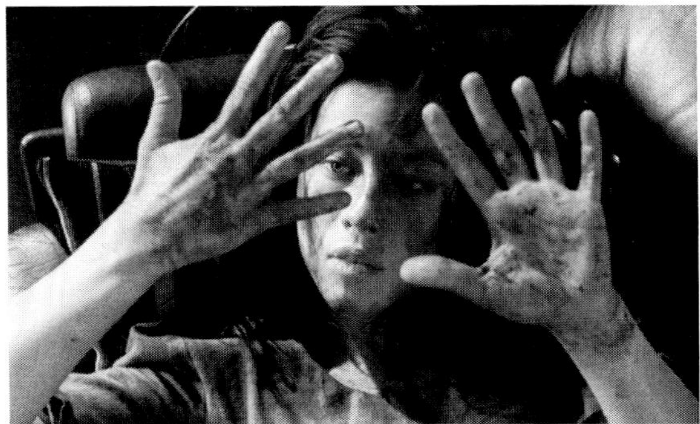

Lucie und ...

gesichts der blutigen Tat zweifelt. Als Lucie den Verletzungen ihrer (imaginären) Verfolgerin erliegt, macht Anna eine grauenvolle Entdeckung: Im Haus der bürgerlichen Familie entdeckt sie ein verzweigtes Kellersystem, das in einem Verlies endet, in der sie eine zutiefst verstörte und schrecklich zugerichtete nackte Frau findet.

Der Gang, der zu diesem Verlies führt, ist unter anderem von jenem Foto gesäumt, das Bataille zu seinen Gedanken inspirierte. Später erfahren wir, dass die getötete Familie Teil eines ganzen Geheimbundes bürgerlicher und reicher Franzosen war, die in langwierigen und unemotional ausgeführten Prozeduren entführte junge

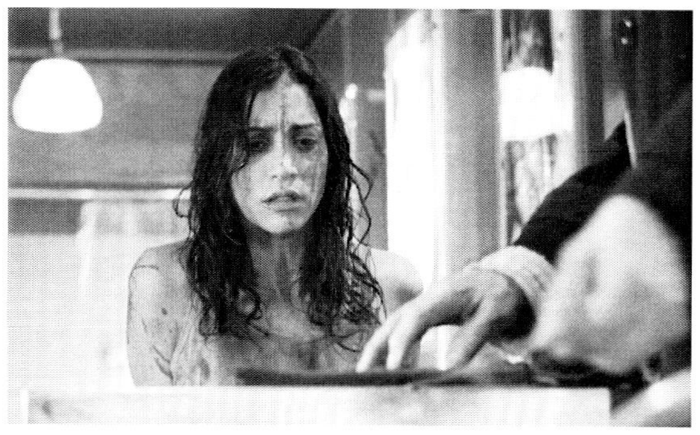

... Anna in MARTYRS

Frauen systematisch schrecklichen Qualen aussetzen, um diese zu potenziellen Märtyrerinnen zu machen. »Ein Märtyrer ist ein außergewöhnliches Wesen«, resümiert eine der Täterinnen. »Es überlebt sämtliche Qualen. Es durchsteht einfach alles. Wir belasten ihn mit all dem Bösen und Schlechten auf dieser Welt, und er überschreitet sich selbst. Verstehst du das? Er ändert seine Gestalt ...« Die Philosophie des Geheimbundes ist also, über eine wahrhaftige (profane, also nicht notwendigerweise gläubige) Märtyrerin in Kontakt mit dem Heiligen zu treten. Es wird betont, dass das Opfer eine Frau sein muss, da diese fähig sei, mehr Schmerz als ein Mann zu ertragen.

Anna selbst wird zum nächsten Opfer dieses Bundes, und der Film konzentriert sich für die folgende halbe Stunde ganz auf die systematisch durchgeführte körperliche und seelische Zerstörung der jungen Frau. Dabei wird das Motiv der sexuellen Ausbeutung und damit des sexualpathologischen Sadismus völlig ausgeklammert. Der ausführende Mann geht stoisch seiner ›Arbeit‹ nach. Die traumatisierende Erfahrung für den Zuschauer des Films ist hier nicht nur die Drastik der ausführlich dargestellten physischen Gewalt, sondern vor allem die seelische Nacktheit der Frau angesichts einer völlig ausweglosen Situation. Obwohl sie sich lange Zeit wehrt, gibt der Film keinen Hinweis, dass eine Flucht glücken könnte. Der Hinweis, sie sei nun fast am Ende ihres Weges, kann ebenfalls als Falle gelten, denn als sich die Tür schließlich für die geschundene Anna öffnet, wird sie in einen klinisch hell erleuchteten Raum gebracht, in ein Gestell geschnallt und bekommt mit chirurgischer Präzision die gesamte Haut vom Körper gezogen. Mit bloßen Muskelfasern und weit aufgerissenen Augen hängt sie vor einer gleißend hellen Lampe. Mit diesem Martyrium lässt der Film bereits alle narrativen Restbestände hinter sich und verlagert den Fokus der Inszenierung auf das rein Performative. Die Kommunikation mit dem Zuschauer besteht nun darin, zwischen Leinwand und Rezipient einen Erfahrungsraum zu öffnen, der eine Ahnung des Unnennbaren und Unzeigbaren vermittelt. Das ist nach den Gesetzen des Genrekinos in dieser Konsequenz irritierend und hat folglich zu einer gespaltenen Aufnahme des Films geführt.

Der Schlüsselmoment ist die Lichtung des Heiligen in den Augen der Märtyrerin. Als die gehäutete Anna nun starr in das weiße Licht blickt, von dem sie angestrahlt wird, fährt die Kamera immer näher an ihr linkes Auge heran, dringt immer weiter vor, als wollte sie durch die Pupille in ihr Inneres vorstoßen. Was wir schließlich sehen, ist reines weißes Licht – die Grenze des filmisch Darstellbaren ist hier erreicht, denn die Leinwand müsste nun selbst zur Lichtquelle werden.[24] Statt also einen weiteren ikonografischen Bezug zu suchen, belässt es die Inszenierung bei dieser so simplen wie radikalen Lichtung des Heiligen und kehrt auf demselben Weg (durch die Pupille) zurück in den profanen Raum.

Am Ende des Films folgt ein Insert: »Märtyrer: *nomen;* abgeleitet aus dem griechischen Wort μάρτυς – Zeuge.« Interessant ist, dass der Film vor allem die Zeugenschaft, die »Blutzeugenschaft« des Martyriums betont, und das jenseits konventionalisierter religiöser Modelle. Das Heilige jenseits der Schwelle ist schlicht das Heilige, gleichgültig, wie man es benennen mag. Insofern ist MARTYRS auch weniger anfällig für kitschige Ikonografie. Der Film kann daher als der gegenwärtige Endpunkt des Horrorgenres betrachtet werden, da er die narrativen Konventionen des Genrekinos so weit hinter sich lässt, dass er die rein performative Dimension einer filmischen Meditation über das transzendentale Moment des Martyriums betritt. MARTYRS zwingt den Zuschauer förmlich, den Weg der Schmerzen imaginär mitzuerleben und schließlich der unbenennbaren Dimension des Heiligen angesichtig zu werden – auch wenn hier die Grenzen des filmisch Darstellbaren erreicht sind. MARTYRS erfüllt somit ein jahrzehntelanges Versprechen des Genres – nämlich reines, kaltes Grauen zu erzeugen –, und transzendiert es im selben Moment. Abgeleitet von Georges Batailles Vision des ekstatischen Opfers strebt der Film danach, den Zuschauer selbst zum Blutzeugen zu machen – und das Heilige jenseits von Konfession und Ideologie zu erahnen.

Fazit

Blicken wir noch einmal zu den Ursprüngen zurück: Horror ist grundsätzlich die filmische Konfrontation mit verdrängten und somit unterbewussten Angstbildern. Darin liegt wohl auch das eigentliche Erfolgsrezept des Horrorgenres: Zahlreiche Menschen lieben es, sich zu fürchten und sich der filmischen Angstmaschinerie zu unterwerfen. War der frühe Horrorfilm noch stark von literarischen Quellen beeinflusst, kann der moderne Horrorfilm seit den 1960er Jahren durchaus als Reflexion gesellschaftlicher Wirklichkeit betrachtet werden. Wie die Filme von George A. Romero, Tobe Hooper und Wes Craven einst der (medialen) Erfahrung des Vietnamkrieges entsprangen und die amerikanische Paranoia um das Kent State Massaker und die Watergate-Affäre spiegelten, können die drastischen Terrorfilme von heute als Fußnote zur Diskussion nach dem Abu-Ghuraib-Folterskandal und den Ereignissen im US-Militärgefängnis Guantánamo betrachtet werden. Auch bizarre Ereignisse wie die Taten des pädophilen Killers Marc Dutroux in Belgien, die jahrelange Gefangenschaft von Natascha Kampusch und der Fritzl-Familie in Österreich sowie der ›Kannibalenmord‹ von Rotenburg reizten die abgründige Phantasie von Publikum und Filmemachern gleichermaßen.

Zudem hat mit der voranschreitenden Virtualisierung des Alltagslebens in den westlichen Industrienationen eine weitgehende Entfremdung vom Körper eingesetzt, der im ›torture porn‹ symbolisch zurückerobert wird. Die aktuellen Terrorfilme sind daher zunächst einmal grausame Versuchsanordnungen, in denen sich die Protagonisten physisch neu orientieren müssen. Es geht hier um ein verlorenes Körperbewusstsein, das in der Angst-, Schmerz- und Todeserfahrung zurückgewonnen wird.

Es handelt sich bei dem Phänomen des Terrorkinos um ein neues und hochaktuelles Paranoiakino. Mit der Präsenz von Terror und Krieg nach 2001 ist der Körper in seiner Versehrbarkeit umso deutlicher ins Zentrum der Wahrnehmung gerückt. Das Horrorgenre an sich ist bereits die filmische Konfrontation mit verdrängten und somit unterbewussten Angstbildern. Diese können übernatürlicher Art (also Vampire, Zombies) oder eben menschlicher Herkunft sein wie im aktuellen Terrorkino. Der klassische Horrorfilm unterscheidet sich ursprünglich vom Thriller, da er die übernatürliche Erklärung nahelegt und eine rationale Erklärung des Schreckens verschleiert. Somit sind viele der momentan oberflächlich als Horror eingestuften Filme strenggenommen Thriller, denn sie zeigen ein Grauen menschlicher Herkunft. Dieses Grauen aber nimmt in seiner monströsen Dimension horrible, traumatische und terroristische Züge an. Das Angstbild der Gegenwart scheint eben der Mensch selbst zu sein.[25]

Als Zuschauer können wir uns diesem Filmerlebnis in masochistischem Vergnügen unterwerfen und die sadistische Performanz mit allen Sinnen auf uns wirken lassen. Diese Offenheit ermöglicht es dem Terrorkino, Körperlichkeit ›gewaltsam‹ und zugleich symbolisch in das Erleben zurückzuholen. Dabei werden psychologische Rollenspiele entwickelt, die an die unterschwellige Sehnsucht des Menschen nach absoluter Souveränität appellieren, diese jedoch *ad absurdum* treiben und den tyrannischen Impuls schonungslos bloßlegen. Zudem ist es dem Terrorfilm sogar möglich, eine philosophische Frage neu zu stellen: Beschwört das absolute (Selbst-)Opfer nicht von jeher die Gegenwart des Heiligen und ermöglicht eine Transzendenz? Und nicht zuletzt spiegelt das Terrorkino den realen Horror eines (neoliberal entfesselten) Kapitalismus, dessen destruktiver Endpunkt die totale und willkürliche Verfügungsgewalt über die in Waren verwandelten Menschen ist.

Anmerkungen

1 http://www.indystar.com/apps/pbcs.dll/article?AID=/99999999/NEWS06/80814026
2 Obwohl der Film sehr nah an den Protokollen bleibt, spart er doch drastische Exzesse aus, wie den Umstand, dass Sylvia Likens gezwungen wurde, ihre eigenen Fäkalien zu essen.
3 Pseudonym für Dallas Mayr (*1946).
4 Ketchum über sein Verständnis von Horror: »... was mir wirklich Angst macht, ist das, was wir einander antun, wozu Menschen überhaupt fähig sind. Und darüber schreibe ich dann. Ich mißtraue der Normalität genausowenig, wie ich ihr von vornherein traue. Ein normales Äußeres kann eine Menge an miesem Verhalten verbergen. Verdammt, wir hören doch praktisch jede Woche davon!« (http://www.evolver.at/stories/Jack_Ketchum_Interview_Pt1/).
5 Siehe hierzu: David Edelstein: Now Playing at Your Local Multiplex: Torture Porn. Why has America gone nuts for blood, guts, and sadism? In: *New York Magazine*, 28.1.2006 (http://nymag.com/movies/features/15622/#ixzz0bB23HXNK). Der Artikel entstand anlässlich des enormen wirtschaftlichen Erfolges von Filmen wie SAW (Produktion 1,2 Mio.

Dollar, Einspielergebnis 100 Mio. Dollar weltweit) und HOSTEL (Produktion 4,9 Mio. Dollar, Einspielergebnis 80 Mio. Dollar weltweit). Die SAW-Reihe gilt heute als eines der erfolgreichsten Film-Franchises.

6 Edelstein etwa spricht a.a.O. Rob Zombies THE DEVIL'S REJECTS (2005) diesen Status ab: »When, during filming, the actor playing the most sadistic of the psychos became traumatized by what he had to do, Zombie reportedly told him, ›Art is not safe.‹ But with characters who have no larger awareness – who are just inexplicably deranged – THE DEVIL'S REJECTS isn't art by any definition I can think of.«

7 Jack Ketchum: Evil. München 2006, S. 166/167 (auch folgende Zitate).

8 Zum Film als einem seduktiven Konstrukt siehe: Marcus Stiglegger: Ritual & Verführung. Schaulust, Spektakel & Sinnlichkeit im Film. Berlin 2006.

9 Laura Mulvey: Visuelle Lust und narratives Kino. In: Franz-Josef Albersmeyer (Hg.): Texte zur Theorie des Films. Stuttgart 1979/1998 (3 Aufl.), S. 389-408.

10 Rita Bischof: Souveränität und Subversion. Georges Batailles Theorie der Moderne. München 1984, S. 15.

11 Stiglegger 2006, S. 179ff.

12 Jean Baudrillard: Von der Verführung. München 1991, S. 51.

13 Dieter E. Zimmer: Porno, Kunst & Paragraphen. In: Die Zeit, Nr. 28, 1.7.1977, S. 39.

14 Susan Sontag: Das Leid anderer betrachten. München 2003, S. 111-112.

15 Ebd., S. 115.

16 Jean Laplanche: Das Vokabular der Psychoanalyse. Frankfurt/Main 1994, S. 447.

17 Ebd., S. 447.
18 Ebd., S. 448.
19 Marcus Stiglegger: Snuff. In: Thomas Koebner (Hg.): Reclams Sachlexikon des Films. Stuttgart 2002/2007, S. 653.
20 Georges Bataille: Die Tränen des Eros. München 1993, S. 239.
21 Ebd., S. 246.
22 Peter Wiechens: Bataille zur Einführung. Hamburg 1995 S. 71.
23 Ebd., S. 72.
24 Siehe: Marcus Stiglegger: Heiliges Licht. Reines Licht als Signum der Transzendenz im Film. In: film-dienst 22/2007, S. 6-9.
25 Vgl. Blut tut gut – Die neue Lust am Horror. Marcus Stiglegger im Gespräch mit *Die Welt Online* (http://www.welt.de/kultur/article2482599/Blut-tut-gut-Die-neue-Lust-am-Horror.html#vote_2483041).

Glossar

Abjekt: nach Julia Kristeva der verstoßene, nach außen projizierte Teil des Selbst, oft mit Abscheu und Ekel verbunden

backwood: schwer zugängliche bewaldete Regionen, in denen sich der Mythos vom verwilderten Kannibalen halten konnte

classical Hollywood: die Hochphase des Hollywood-Studiosystems von 1930 bis ca. 1960

exploitation: engl. Ausbeutung, reißerische B-Filmproduktionen, die sich auf die Darstellung von Sexualität und Gewalt konzentrieren

giallo: ital. gelb, italienische Thriller seit den 1960er Jahren, benannt nach der Umschlagfarbe ihrer literarischen Vorlagen in Italien

gothic fiction: die britische und amerikanische Schauerliteratur seit dem 18. Jahrhundert

grand guignol: Pariser Theater (ca. 1897-1962), das unter anderem kurze Schauspiele mit blutigen Spezialeffekten aufführte und als Ursprung der Splatterfilm-Ästhetik gilt

porn: Kurzform von *pornography*, die Darstellung realer Sexakte zum Zwecke der Stimulation

setpiece: in sich abgeschlossene Episode innerhalb eines größeren Kontextes, etwa die Tanzszene im Musical oder der Sexakt im Pornofilm

snuff: engl. Auslöschen, lautmalerischer Begriff für die Darstellung eines realen Gewaltaktes zum Zwecke der Stimulation

Index